QUELQUES SEMAINES

DE PARIS.

Le Bois de Boulogne.

Bovinet Sculp.

QUELQUES SEMAINES

DE PARIS.

TOME PREMIER.

Pour corriger les mœurs, il faut les dévoiler.

A PARIS,

Chez MARADAN, Libraire, rue Pavée-
Saint-André-des-Arcs, n°. 16.

AN IX.

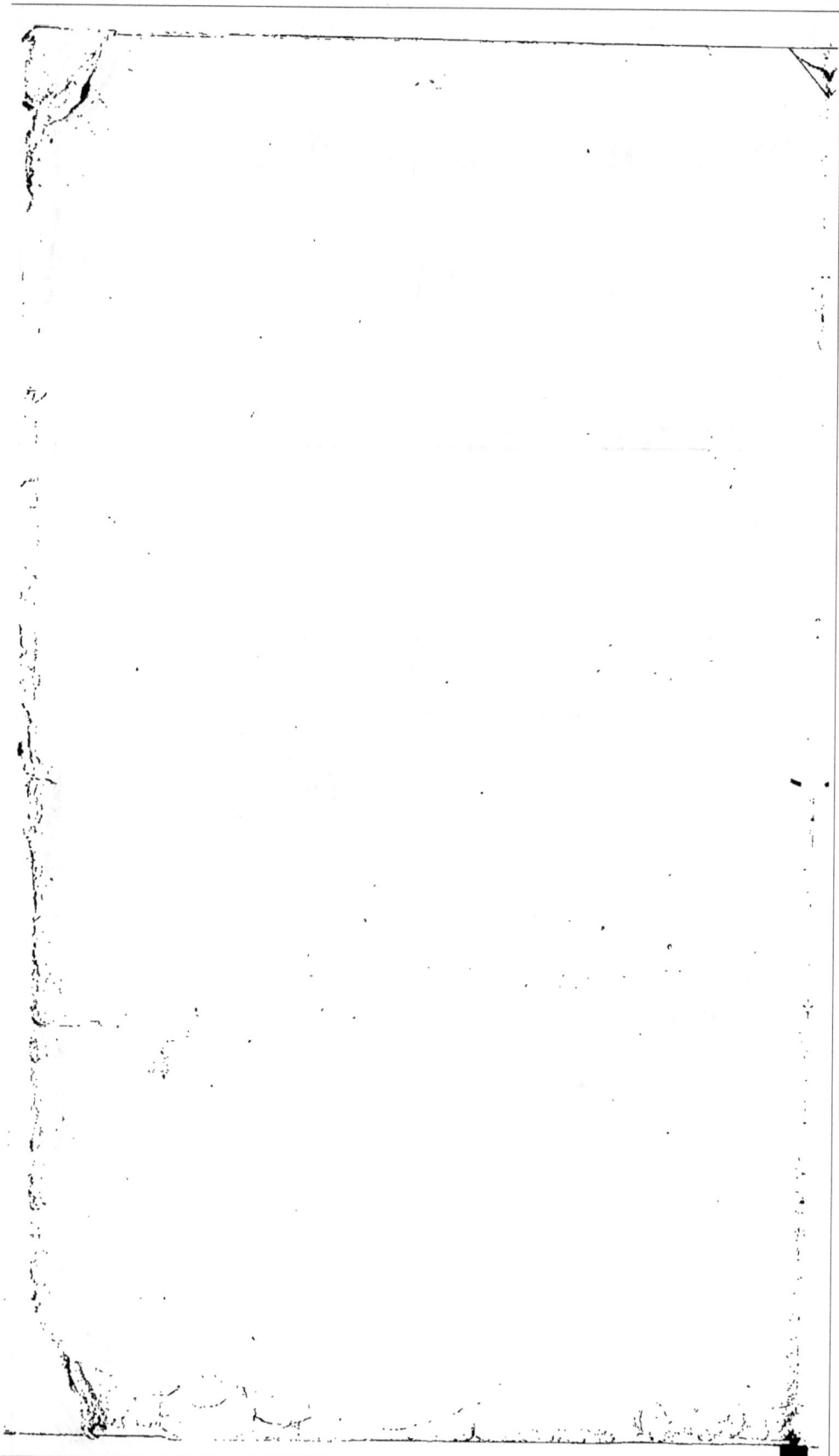

QUELQUES SEMAINES
DE PARIS.

CHAPITRE PREMIER.

Un après-dîner comme on en voit beaucoup.

Ah ! regardez....... mais regardez donc, mademoiselle.....

Madame, répliqua d'un air modeste la pauvre Emma, je ne vois rien.

Comment ! là-bas..... sur le bou-levard. ... vis-à-vis les Capucines.... vous n'appercevez pas.....? — Eh ! grand Dieu ! ne rougissez donc point comme cela. — Mais..... je ne me trompe pas....... il vient de ce côté.

I.   A

Qu'est-ce donc, belle dame, dit négligemment un beau jeune homme bien parfumé ? Un équipage d'un nouveau goût ? quelque cavalier d'une mauvaise tournure ? — Ah! peut-être ce joli carlin ?.... A propos, savez-vous que madame R... en a un charmant, délicieux ? Un mufle d'un court, d'un noir !....

Ce monsieur, tout en parlant ainsi, se trouvait vis-à-vis une glace. Un des crochets de sa chevelure était dérangé, et il épuisait son adresse à lui faire reprendre un bon tour. — Les dames, placées au balcon, ne l'écoutaient pas.

Savez-vous que malgré sa mise un peu mesquine, il n'est vraiment pas mal ? s'écria madame Dufeuil,

Ces dames me flattent sous un rapport ; mais sous l'autre.....

Ah ! mille pardons ; pardon, monsieur, c'est ce jeune homme qui passe sous nos fenêtres.

Quoi! *(en s'approchant)* c'est cette *espèce*-là ! Ah dieu ! qu'il est fagoté ! Cet habit presque quarré, ces bottes larges .... c'est vraiment une tournure ..... à épigrammes ...... Ah ! ah ! pas vrai ? bien trouvé ! Tournure à épigrammes !

Qu'a donc ce jeune homme de si ridicule, demanda Emma, les yeux baissés et la respiration haute ?

Ce qu'il a ....? ce qu'il a ...? Ah ! mademoiselle, un million d'excuses... Oh ! si vous vous intéressez à lui, c'est un sujet accompli, et, ma parole d'honneur.....

Vous ne savez donc pas, chevalier, interrompit madame Dufeuil, que vous attaquez bien vivement la sensibilité de mademoiselle Emma, en nous décrivant ainsi la caricature de quelqu'un qui l'adore, à ce qu'elle croit, du moins ?

Moi ! madame, dit la pauvre petite en rougissant plus fort. — Je ne me serais jamais attendue à pareille plaisanterie ; et je ne pense pas (*en retenant une larme*) y avoir donné lieu.

Bon, vous allez pleurer ! La triste chose que le caractère de ces gens à grands sentimens, avec lesquels il faudrait une excuse au bout de chaque phrase !

Eh ! madame, laissez - la faire. Il n'y a rien de *joli* comme les larmes. A mon avis, elles embellissent la beauté, et ça me fait une impression de volupté....! Oh ! c'est que j'ai le cœur d'un sensible......! Mais, où allez-vous, mademoiselle ? Comment ! du tragique !

Comme vous seriez, monsieur, la

dernière personne aux plaisirs de laquelle je voulusse contribuer, permettez-moi de vous épargner, en me retirant, une jouissance que je suis loin de partager.

Eh ! mais..... elle s'en va.....
Savez-vous, belle dame, que votre pupille a la tête près du bonnet ?

Belle expression ! dit en haussant les épaules, un gros homme vêtu de noir, censeur par caractère plus encore que par habitude, et qui, appuyé contre la cheminée, lisait attentivement la *Décade Philosophique.*

Ah ! grace, cher satyrique ! dit d'un air caressant madame Dufeuil ; ménagez ce pauvre chevalier : il est si gentil !

Qu'avait donc mademoiselle Emma ? s'écria monsieur Dufeuil en rentrant ; je l'ai rencontrée en descendant de chez moi ; la pauvre petite avait le

3

cœur gros ; elle n'a voulu me rien dire......

Votre Emma est une folle, qui pleure comme les autres rient. Depuis huit jours, un homme assez jeune, d'une belle figure, d'une tournure.....

LE CHEVALIER.

Détestable, monsieur.

madame DUFEUIL.

Je ne suis pas de cet avis. Un homme, dis-je, qu'elle prétend ressembler beaucoup à un vicomte qu'elle a connu *là-bas*, dans son enfance, passe régulièrement à cette heure sous ce balcon, et nous regarde très-attentivement. Je m'amuse de ce badinage ; mais Emma a pris la chose au sérieux. Le chevalier, avec sa gaîté ordinaire,

a voulu changer de conversation,
et.....

monsieur DUFEUIL.

Bien, bien. — Avez-vous été ce
matin chez le Ministre ? — Non, je
le parie....... Madame, vous me
ruinerez....... Une affaire d'or !
cent pour cent à gagner !........
Il m'a témoigné avant-hier le plus
vif desir d'en causer avec vous. —
Vous me l'aviez promis ; demain
cette fourniture sera peut-être
donnée à un autre. — J'y cours moi-
même ; je le trouverai au dessert ;
et je serais bien malheureux de ne
pouvoir réparer votre impardonnable
étourderie. — Messieurs, je vous
salue.

LE CHEVALIER.

Toujours grondeur, le cher époux !

4

mais toujours généreux sans doute ?
Il s'occupe à gagner de l'argent, et
son aimable moitié, de le faire valoir
agréablement.

Que voulez-vous ! reprit nonchalamment madame Dufeuil, il faut
bien passer quelque chose à un homme
qui me fait mille louis de pension pour
mes menus-plaisirs et ma toilette, et
se charge, en outre, de mes loges aux
trois spectacles. — Cette affaire dont
il parle est en effet assez belle; d'autant plus belle que, si elle réussit,
il s'en ira en Italie.

Un sourire grossièrement ironique
du chevalier, suppléa au petit silence
qui suivit cette phrase.

En Italie ! (dit une figure alongée,
de près de quarante ans, à laquelle
on donnait le nom de femme, et qui
entrait avec un homme à basse enco-
lure, que l'on pouvait appeler son

complaisant , pour ne pas se servir d'un terme plus fort , peu honorable pour l'un et pour l'autre.) Eh ! il n'y a plus un seul *bleu* dans ce pays-là : Suwarow vient de les chasser jusqu'au Rhône. J'en ai reçu ce matin la nouvelle certaine, et je venais vous l'annoncer. Comment vous portez-vous , ma chère amie ? Toujours fraîche , toujours élégante ! — Tournez-vous, je vous prie ; cette capote est divinement faite.

Mais vous venez , madame, de dire que les ennemis , observa le gros homme noir , étaient près des bords du Rhône. — Ils n'ont point encore passé les Alpes.

Oh ! je ne suis point obligée de savoir cela , moi. Ce dont je suis sûre , c'est qu'ils ont pris Chambéry , et qu'ils sont certainement à Lyon.

L'homme noir , pour la seconde

5

fois, leva les épaules, et continua à lire.

La conversation continua pendant une heure, avec une égale activité de la part des deux dames et du chevalier. Quelques autres visites étaient venues; les *à parte* étaient nombreux; et, grace à la voix glapissante de trois parvenues, et à l'incompréhensible sifflement de quelques étourdis à la mode, on ne s'entendait plus dans le salon de madame Dufeuil.

Cette dernière parlait de commencer une bouillotte, quand.....

Ciel ! quel silence !....

CHAPITRE II.

Le Ministre.

AVEZ-VOUS vu quelquefois un essaim d'écoliers se livrant, à l'heure du travail, à toute la légéreté et la malice de leur âge, pendant l'absence du rigide pédant dont la férule menaçante les contenait dans le devoir ? Les avez-vous vus, lorsqu'un d'entre eux, posé en sentinelle, vient sur la pointe du pied leur annoncer le retour du magister redouté, reprendre sur-le-champ leur livre, se pencher sur leurs pupîtres, et faire succéder le silence de l'étude aux clameurs de leur joie bruyante ?

Vous auriez alors une idée de ce qui se passa chez madame Dufeuil,

6

lorsqu'un laquais, en habit gros vert, collet jaune, vint annoncer le citoyen Ministre.

Il fut droit à madame Dufeuil, qui n'avait fait qu'un saut de son fauteuil au milieu de la chambre, pour recevoir dignement son excellence.

Vous me fuyez, madame, dit celui-ci d'un ton pesamment léger ; le desir de vous voir me fait vous poursuivre jusque chez vous. — Je quitte Dufeuil, qui m'a appris que vous y étiez, et je me suis hâté de venir moi - même vous engager à réparer l'oubli volontaire de ce matin.

En vérité, je suis confuse de tant d'honneur, balbutia madame Dufeuil ; et il n'est rien que je ne fasse pour le mériter.

Un regard aussi fin que pouvait le permettre la physionomie un peu

plate du grave personnage , la fit légèrement rougir.

Le Ministre se plaça près d'elle ,
et , sans cesse penché à son oreille
pour lui adresser des douceurs , et
peut-être pis , il commençait apparemment à être au bout de son ré-
pertoire de galanterie , lorsqu'ayant
apperçu , fort heureusement , une
harpe , il s'écria : cet instrument ,
qu'Apollon et l'Amour inventèrent
pour les Graces , doit acquérir sous
ces jolis doigts un charme irrésistible,
et ajouter à la fraîcheur de votre
voix. Vous ne pourriez être Orphée ,
vous serez pour nous Sapho ; mais
vous ne trouverez pas de Phaon , et
il n'existera pas de rocher de Leu-
cade. Un prélude , rien qu'un prélude.....

Lecteur femelle , qui pouvez savoir
ce que c'est que l'amour - propre ,

jugez si celui de madame Dufeuil fut
piqué de se voir obligé de démentir
à l'instant un éloge aussi pompeux.
Encore , si l'on savait un air , une
simple variation , on essaierait , et
l'excellence , qui a plus étudié le Bul-
letin des Loix que le solfège , trouverait cela admirable ; mais cette harpe
est celle d'Emma ; mais madame
Dufeuil ne sait pas une note et a la
voix fausse. — Comment faire ?

Elle s'en tira en femme d'esprit. Il
est vrai , dit-elle , qu'autrefois je me
suis amusée de cet instrument ; mais
depuis mon mariage , les soins de ma
maison , la fréquentation de la société , me l'ont fait abandonner. Une
jeune personne, que j'ai retirée chez
moi , y est assez forte ; et si cela pouvait amuser le citoyen Ministre.....

Une jeune personne ?.... que vous
avez retirée chez vous !..... mais

c'est très - édifiant. — Jolie , sans doute ? Ah ! je desirerais bien la voir. Jamais je n'ai été si disposé à écouter faire de la musique.

Et la pauvre Emma fut demandée sur-le-champ.

Vous serez content de celle que vous allez entendre , dit le gros homme noir , qui n'avait pas desserré les dents de toute la soirée. Cette jeune personne est non-seulement très-forte , mais encore aussi intéressante par sa modestie que recommandable par ses talens.

Qui est - elle donc , demanda l'homme en place ?

Je vous dirai cela , répondit la maîtresse de la maison.

Emma parut : les graces de sa tournure , la décence de son maintien , sa beauté si modeste , arrachèrent une exclamation à celui qui l'avait fait demander.

Mademoiselle, dit madame Dufeuil, le citoyen Ministre voulait que je m'accompagnasse sur la harpe : je lui ai promis que vous acquitteriez mes dettes. — J'ai compté sur votre complaisance.

Vous savez, madame, dit Emma d'un air légèrement humilié, que je n'ai rien à vous refuser.

Elle est aussi douce qu'elle est jolie, murmura le Ministre.

Emma à sa harpe, augmenta son admiration. Elle chanta une romance de Plantade, avec une expression enchanteresse. Tous les auditeurs étaient émus du son touchant de sa voix ; et quoique le Ministre ne fût guère plus sensible qu'un traitant, il ne put se défendre d'un mouvement d'attendrissement.

Mademoiselle chante à merveille !

Et toute l'assemblée, se modelant sur ce puissant coryphée, ce ne fut plus qu'une acclamation générale : *Mademoiselle chante à merveille !*

Oui vraiment, dit le chevalier; votre pupille, madame, fera quelque chose en musique. Lui avez-vous fait prendre des leçons de Garat ? — Et sans attendre la réponse, il pirouetta légèrement sur la pointe du pied, jeta un coup-d'œil au miroir, et du même élan alla tomber sur une ottomane à l'autre extrémité du salon.

Cependant, le Ministre s'était approché d'Emma; et il n'était pas difficile de s'appercevoir, à l'énergie de ses complimens, combien la jeune infortunée lui avait fait d'impression.

Quelle est donc, demanda-t-il à

madame Dufeuil en retournant près d'elle, quelle est, je vous prie, cette intéressante orpheline?

La fille d'un ami de mon mari. Sa famille a éprouvé des malheurs. Monsieur Dufeuil, généreux comme peu de personnes, m'a priée de l'accueillir et de la loger chez moi, jusqu'à ce qu'on lui ait trouvé un établissement convenable. — Il y a déjà long-temps qu'elle est ici. — Il a voulu lui faire donner des leçons sur différens arts d'agrément qui lui seront, je pense, fort inutiles; car sa fortune, plus que bornée, ne lui attirera pas de très-bons partis, et la forcera de songer au nécessaire plutôt qu'à l'agréable. — La nôtre n'est pas d'ailleurs assez considérable pour la garder toute sa vie chez nous; et quelqu'étendue qu'ait la bienfaisance, elle a des bornes qu'on ne peut dépasser sans folie.....

Sûrement, interrompit avec vivacité l'homme en place, qui avait déjà
ses projets. Il faut vous dépêcher de
la marier, ou du moins de la placer
avantageusement. Il me vient là-des-
sus quelques idées que je communi-
querai à Dufeuil.

Une altercation survenue au bout
de la salle, entre la dame dont nous
avons parlé plus haut, et le petit
chevalier de Sellin, attira l'attention
générale, celle d'Emma sur-tout.

On croyait d'abord que quelques im-
pertinences du jeune homme avaient
seules excité la colère de la coquette
surannée ; mais on fut bientôt hors
d'erreur.

J'ai l'honneur de vous dire que je
le connais. Il est peintre, a beaucoup
de talent, est fort aimable, et sur-
tout très-poli. La comtesse appuyait
singulièrement sur la dernière qualité.

Peintre ! oh ! je le crois : il a bien une tournure d'artiste , et d'artiste de province. Quelque barbouilleur d'enseigne !.....

Duquel, malgré leur insupportable amour-propre, bien des jeunes fats ne seraient pas dignes de laver les pinceaux.

madame D U F E U I L.

Mon dieu, toujours en querelle ! Monsieur de Sellin, n'oubliez pas, je vous prie, que vous êtes chez moi.

LE CHEVALIER.

Dieu m'en préserve, madame ! mais jugez vous - même notre différend : vous vous rappelez cette tournure hétéroclite (j'en demande pardon à mademoiselle Emma), qui tantôt passait sous ce balcon ? Eh bien !

c'est de cet homme, nouveau débarqué de Limoges ou de Flandres, que madame de Forban fait l'éloge. — Vous concevez que, pour peu que l'on ait de goût, il est impossible.....

madame DUFEUIL.

De ne pas penser comme vous; c'est cela que vous voulez dire ! Allons, enfant, faites vos excuses à madame de Forban. Je suis disposée à partager son opinion avantageuse sur le compte de ce jeune peintre ; et je vous défends d'en parler davantage de cette manière.

La soirée se passa insensiblement ; la harpe d'Emma n'avait pas peu contribué à faire diversion à l'ennui qu'avait amené le Ministre, et que les saillies fades du chevalier ne pouvaient dissiper. La conversation se sentait de cette gêne qu'on éprouve

vis-à-vis des gens puissans, de qui
l'on attend des services signalés. —
Monsieur Dufeuil voulait une fourniture, et madame en connaissait
trop le prix pour ne pas se contraindre
devant celui qui pouvait la lui procurer. — Heureusement pour tous,
onze heures sonnèrent. On proposa
Frascati. La soirée était superbe, et
cet avis fut accueilli unanimement,
au grand déplaisir du Ministre, qui,
ne pouvant, pour bonnes raisons, se
montrer en public avec Dufeuil, fut
obligé de prendre congé des dames.
Il s'avança vers Emma, à qui il tourna
une galanterie diplomatique, en se
promettant bien de ne pas négliger sa
connaissance, ni peut-être les moyens
de lui nuire près de ses protecteurs,
afin de pouvoir l'obliger davantage.
—On voit que sa bienveillance s'étendait loin.

L'homme ennuyeux! s'écria le che-

valier dès qu'il fut parti. Cette qualité est-elle donc attachée à sa place ?
— Je ne voudrais pas l'occuper à ce prix.

Madame Dufeuil, en femme qui avait ses raisons, prit son parti, et le trouva fort aimable. On en appela à Emma, qui répondit évasivement. Sellin se préparait à faire encore quelques mauvaises plaisanteries, lorsqu'on vint annoncer que les chevaux étaient mis.

CHAPITRE III.

Frascati.

C'EST pourtant une chose bien commode, qu'une voiture . . . . .

Telle était la réflexion de madame Dufeuil, en montant dans la sienne ; de madame Dufeuil, qui, naguère en déshabillé de toile tout simple, était heureuse de trouver un fiacre sur la place, et, pour les grands jours, un remise. — Cependant, avec quelques - uns des défauts des nouvelles parvenues, elle n'avait pas tous leurs ridicules. Une jolie tournure, un peu trop leste peut - être, une figure intéressante, de l'esprit ; l'inclination tendre, pour ne pas dire facile . . . . . Le jeune Sellin, perdu de dettes, traînant un grand nom dans la fange, et qui eût, au besoin, joué sa généalogie aux arcades, le jeune Sellin, dis-je, savait quelque chose de ce dernier article.

Pauvre Emma ! comme te voilà entourée !

L'homme noir lui donnait la main ; il avait de l'esprit, cet homme noir : c'était la preuve vivante de cette grande vérité, qu'on peut réunir un vaste assemblage de connaissances à un jugement exercé et profond, sans pour cela en être plus aimable. Misanthrope à l'excès, il n'avait de plaisir qu'à fronder ; et la société était pour lui moins un délassement qu'un champ de bataille. Ses saillies vigoureuses l'en eussent bientôt banni, si l'originalité dont elles portaient le sceau, ne les eût par fois fait passer.

Alexandre avait souffert les inso-

lences de Diogène. Madame Dufeuil,
qui n'était rien moins qu'un grand
homme , s'amusait des sorties de
l'homme noir, au reste plus décent
que ce vieux coquin de philosophe.

Il avait plu le matin ; le jardin de
Garchi , à moitié illuminé, était cou-
vert de cette douce obscurité , si favorable aux tentatives de l'amour,
aux découvertes de la malignité , aux
révélations de la médisance ; cette
obscurité , qui tient de l'aurore , qui
ressemble au crépuscule, sans être
ni l'un ni l'autre, et que nos volup-
tueuses petites-maîtresses ont nom-
mée *petit jour*.—Les dames voulurent
prendre le frais, et se firent apporter
des glaces dans une des petites allées
latérales.

Non , en honneur, disait, à une
table placée près de la leur dans une
charmille, un jeune homme que Sellin

reconnut pour un de ses amis; non,
mon bon ami, je ne pourrai jamais
m'échapper demain soir. — Cette
petite femme me tourmente......
Oh ! c'est inconcevable !

Un grand mérite est un bien lourd fardéau.

Tant d'amour me pèse ; mais que
veux-tu ? au second jour de notre
liaison.....

— Au second jour ! ah ! je t'y
prends..... Tu conviens donc que
c'est fini d'hier ?

Puisque tu le prétends absolu-
ment,.....

Ah ! c'est qu'il aurait fallu que tu
eusses été bien mal-adroit, bien ni-
gaud, pour ne pas ...... car il y a
déjà six semaines que tu l'adores.....?

Oui, que je le lui jure, du moins.
Au second jour, dis-je, puis-je en

2

conscience , la laisser venir seule
ici pour te suivre au bois.....

Hé bien ! répondit l'autre , tu n'y
viendras pas ; j'irai seul ; mais je mets
à cette complaisance ...... Garçon !
un bowl de punch ; — j'y mets un
prix.....

Lequel ?

Que tu me fasses déjeûner avec
elle , chez elle , et cela après - demain.

Impossible ! Comment veux-tu......
C'est une vertu que cette femme-là....

Ah ! quelque laideron !

Laideron ! répliqua le premier en
fureur : elle est charmante ; une maison agréable .... et de plus , veuve.

J'entends : une douairière , vieille
et laide.....

Encore ! je te répète qu'elle est
charmante , et mérite si bien mes

hommages, que je me garderai bien de l'exposer à la cynique indiscrétion de tes regards. Au reste, m'adorant, capable de faire des folies pour moi.... Si j'en crois sa physionomie, elle en a fait pour bien d'autres.....

Ah! tu viens à résipiscence. — J'ai pitié de toi. Çà, composons. — Je consens à ne point aller chez elle, mais tu me la montreras.....

N'y compte pas.

Elle viendra ici, et malgré toi je la verrai. Mais pourquoi n'y est-elle, pas ce soir?

Elle est en visite avec son père.

Ah! mon dieu! il y a un père! cela devient édifiant. Oh! c'est une femme à former, à produire. — Ecoute; je vais te proposer un dilême auquel il ne te sera pas aisé de répondre: Ou cette femme est affichée, et alors elle ne vaut pas la peine que tu fasses

3

ton vertueux à son égard ; ou elle ne
l'est pas, et dans ce cas il faut se dépêcher de la mettre à la mode.

Voilà une logique..... concluante....
mais.....

Mais je vois que tu y tiens. Je ne
te demande qu'une chose. — Bois
donc : tu es aujourd'hui d'un sobre....
— On se lasse de tout ; et tu te las-
seras de ta langoureuse conquête. Sa
possession est une charge.....

Quelle expression !

Une charge dont je réclame la sur-
vivance.

Soit : j'y consens.

Bravo ! garçon ! un bowl de punch.

Que faisait alors une jeune femme,
placée dans la charmille voisine , de
manière à entendre , sans être vue ,
toute cette décente et spirituelle
conversation ? — Un cri étouffé , en

attirant l'attention générale, et surtout celle d'Emma, décéla bientôt l'effet que les quolibets de ces messieurs avaient produit. Cette jeune femme venait de s'évanouir dans les bras d'un homme respectable à cheveux blancs, que Sellin avait d'abord pris pour son mari, et qui était son père. — Son front chauve, sillonné de deux honorables cicatrices, rougissait de douleur et de honte. Une larme roulait dans ses yeux ; et la pitié disputait à l'indignation, l'empire de sa physionomie.

Emma demanda à madame Dufeuil son flacon de sel d'Angleterre, pour administrer quelques secours à la veuve infortunée. Son père la confia à ses soins ; et, avant qu'on eût pu soupçonner son dessein, s'approcha des deux étourdis. La colère qui le suffoquait l'empêcha de proférer autre chose que ces mots étouffés :

4

demain, à huit heures .... à la porte
Maillot ... tous deux .... ou .... un
regard terrassant termina la phrase.

Monsieur Durfort (c'est le nom du
chevalier de madame de Forban),
monsieur Durfort survint , et voulut
jouer le rôle de conciliateur. Mais le
moyen de concilier une affaire où la
nature et l'honneur étaient également intéressés ! Monsieur Durfort ,
d'ailleurs , n'avait pas l'esprit qu'il
faut pour remplir cet emploi noble
et délicat. Monsieur Durfort était
assez mauvaise compagnie; sans madame de Forban , il n'eût point été
reçu dans la bonne société; sans les
richesses de cette dame , il n'eût pas
fêté ses appas surannées; sans.....

Il y a dans toutes les choses de ce
monde une suite , une filiation dont
le premier anneau , une fois trouvé ,
conduit insensiblement à tous les an-

ñeaux inférieurs qui en sont les con-
séquences. C'est au lecteur à suppléer
aux mille et une raisons que monsieur
Durfort avait pour faire sa cour à
madame de Forban, qui, de son côté,
ne manquait pas de motifs pour l'a-
gréer. — Tout cela n'est-il pas très-
clair? Tout cela ne démontre - t - il
pas que monsieur Durfort n'était rien
moins que propre à arranger l'affaire.

Mais, monsieur, vous n'y pensez
pas, disait-il; à votre âge.....

A mon âge, on sait ce qu'on doit
faire.

S'exposer! se compro.....

Un *mêlez - vous de vos affaires*,
bien sec, bien militaire, fut l'unique
réponse qu'il obtint.

Les jeunes gens étaient pétrifiés.
Leur effronterie les avait abandon-

nés. Ils ressemblaient à ces météores nocturnes, qui pâlissent à l'aspect du grand astre.

Le plus assuré répondit d'un ton pénétré : A demain, monsieur.

La foule des curieux était immense ; et la jeune veuve ne revenait point à elle. L'air imposant de son père contenait l'essor des questions impertinentes qu'on ne manque jamais de se permettre dans ces sortes d'occasion. Enfin elle recouvra ses sens ; et un regard prolongé, de ces regards qui trouvent le fond du cœur, peignit éloquemment à Emma sa reconnaissance.

Le vieillard allait envoyer chercher une voiture, quand madame Dufeuil, flatté d'obliger un homme qui paraissait être de l'ancien régime, lui offrit la sienne avec tant d'instances, qu'il ne put se dispenser de l'accepter.

Une fois parti, l'homme noir donna un libre cours à son humeur; elle s'étendait sur tous les objets; mais c'était particulièrement aux femmes qu'il décochait le plus de brocards. — Laissant à nos jeunes fats le soin important de critiquer leur toilette, c'était à leur moral qu'il s'attachait. A l'entendre, bien peu avaient la conscience nette; et l'on remplirait un volume de ses médisances.

CHAPITRE IV.

La Roulette.

Où conduit cet escalier, demanda Emma, dont la curiosité venait d'être excitée par le passage continuel d'une foule d'individus, dont les physionomies bizarres portaient l'empreinte des sensations les plus opposées de joie ou de fureur ?

Mademoiselle ne connaît pas la roulette, répondit aussi-tôt Durfort ? Elle est la ressource de la plupart des jeunes gens. Quelques-uns, il est vrai, s'y ruinent ; mais tant pis pour eux, s'ils ne savent pas assujettir à des règles, les caprices du hasard. — Voyez-vous ce jeune homme si élégant, dont la physio-

nomie riante montre assez qu'il n'a
pas à s'en plaindre ? Hé bien ! tous
les jours, avec sa martingale.....

Martingale ! répéta Emma en l'interrompant.

Oui, reprit l'homme noir, qui avait
jusqu'alors assez patiemment écouté
le discours de monsieur Durfort ; la
plupart s'imaginent enchaîner tellement la fortune par leur prudente
combinaison, qu'ils fondent tous les
jours leur dîner sur le *trente-et-un*
ou sur la *roulette*.

DURFORT.

Et le grand usage leur en a fait
une certitude ; moi-même, je....

L'HOMME NOIR (durement).

Je le sais, monsieur ; mais combien de pères de famille, jusqu'alors

sans tache, ne viennent-ils pas se déshonorer dans ces lieux trop tolérés? — Ils trahissent, en un instant, la confiance qu'une conduite irréprochable de quinze années leur avait acquise; et finissent, après avoir perdu leurs enfans, lassé leurs protecteurs, ruiné leurs créanciers, par se brûler la cervelle, comme si une faute pouvait se réparer par un crime!

EMMA.

Ah! Dieu! Comment, monsieur, de tels abus sont-ils donc soufferts?

DURFORT.

Parce qu'il faut, mademoiselle, pour le bien d'un Etat, que l'argent change souvent de mains; que, d'ailleurs, ces endroits sont autant de débouchés donnés à la police, pour s'introduire dans le secret des consciences. Au reste, le mal qu'en dit monsieur est un peu exagéré. Rarement arrivent les malheurs dont il parle.....

L'homme noir, pour en avoir trop à dire, répondit en grommelant, et la conversation fut interrompue par madame de Forban, à qui il prit fantaisie de monter à la roulette. Emma la suivit, et madame Dufeuil, peut-être peu fâchée de se trouver libre avec le petit chevalier, continua sa promenade dans le jardin.

Le conducteur de la comtesse de Forban dit à Emma qu'il voulait lui montrer comment, avec du sang-froid, on pouvait braver toutes les chances de ce jeu...... En effet, il fut heureux, et gagna trente louis en moins de cinq minutes. — Emma réfléchissait, et peut-être balançait-elle déjà entre les raisons de l'homme

noir et l'opinion de Durfort, lorsqu'un individu d'une quarantaine
d'années s'approcha du tapis. Sa
physionomie, noble quoiqu'altérée,
portait les marques d'un profond chagrin. C'était la troisième fois qu'il
paraissait dans la salle de jeu. Il avait
beaucoup perdu, et l'espoir ne l'a-
bandonnant pas, il tentait encore.....
Tous les spectateurs le regardaient
attentivement, et semblaient le plaindre; pour lui, l'œil fixe sur la mau-
dite roulette, qui, en tombant dans
l'une des cases, devait lui annoncer
son sort, il n'appercevait aucun des
objets environnans.

L'homme noir fronça le sourcil et
fit un geste d'étonnement : il connaissait ce malheureux joueur, qui se
trouvait dans la classe des gens qu'il
venait de citer. C'était un père de
famille d'une conduite très-régulière :
il venait d'éprouver une perte consi-

dérable par la banqueroute d'un riche fournisseur...... Jusqu'à ce jour, on l'avait vu un des plus forts détracteurs de ces sortes de maisons ; et la surprise de l'homme noir fut extrême. — Il suivit son jeu avec inquiétude, tandis qu'Emma, détournée, contemplait un jeune homme d'une figure, qui, sans être belle, était intéressante. Le malheur semblait le poursuivre. Il perdit tout ce qui lui restait..... L'œil hagard, et dans un désordre extrême, il sortit en faisant une exclamation terrible ; tandis qu'un autre joueur, la main pleine d'or, comptait froidement son gain.

Ces différentes scènes avaient rempli d'amertume l'ame compatissante d'Emma. Madame de Forban descendait : elle la suivit, avec une teinte de mélancolie, que la joie grossière de Durfort n'était guère propre à dissiper. Ils cherchèrent madame Dufeuil; et ils venaient de l'appercevoir dans le jardin, lorsqu'Emma fit remarquer que l'homme noir n'était plus avec eux.

Oh ! oh! s'écria Durfort, serait-il resté là-haut ? mon bonheur l'aurait-il tenté ?..... Je ne serais pas fâché, pour le punir un peu, de lui voir perdre quelques louis.

Madame de Forban, qui ne l'aimait pas, et pour cause, appuya beaucoup sur ce vœu charitable, et se promit bien de censurer le censeur austère, à son retour...... Emma n'osait prendre son parti, quoique son bon cœur ne lui peignît qu'à regret cet homme qu'elle estimait, donner dans un travers que lui-même, un moment avant, venait de signaler sous les couleurs les plus noires. Mais il paraissait en faute...... Et les

plaisanteries, les sarcasmes conti-
nuérent.

On rejoignit madame Dufeuil, qui
proposa de partir, après avoir vainement attendu l'homme noir, que
Durfort ne trouva plus à la roulette,
où il ne restait que peu de monde.
On monta en voiture.

Le chevalier riait beaucoup de la
scène qui s'était passée à Frascati.
Madame Dufeuil paraissait mécon-
tente. Il adressa la parole à Emma,
qui lui répondit par monosyllabes.....
La femme du parvenu voulut qu'elle
lui rendît compte de ce qu'elle avait
vu, et des motifs de sa tristesse. Elle
raconta en deux mots ce dont elle
avait été témoin, et l'impression
qu'elle en avait reçue.

Sellin, tout en plaisantant, parla
des jeux d'une manière qui montrait

assez à ceux qui connaissaient sa manière de penser, qu'il en avait été fort maltraité. Il s'étendit sur l'arrogance des banquiers, dont la mise et le luxe insultaient à la misère des joueurs, et finit par convenir qu'il fallait être réduit au dernier point de dégradation, pour embrasser un état, qui, quoique lucratif, n'en était pas moins le plus méprisable.

On était devant chez Tortoni. Madame Dufeuil eut envie d'y entrer. Elle tira le cordon. Sellin fit une observation, qui fut mal reçue : on était de mauvaise humeur. Il épuisa toutes les fadaises dont il avait un ample magasin dans la tête, pour la ramener à la gaîté; et il n'y serait point parvenu, sans le secours d'un de ses amis, de la société de madame Dufeuil, qui se trouva à sa descente de voiture, et dont la

folie la tira des réflexions sombres,
que lui suggérait le souvenir de la
dame de Frascati.

CHAPITRE V.

Le Pavillon d'Hanovre.

EMMA ayant laissé son cavalier à la roulette, se trouvait seule, et suivait madame de Forban, qui montait la première avec Durfort, cet étroit et petit escalier du pavillon d'Hanovre. Arrivée vis-à-vis cette glace complaisante, placée pour le bon plaisir des agréables de l'un et de l'autre sexe, une foule de gens qui descendaient la força de s'arrêter. Un homme, de la plus belle tournure, et vêtu avec élégance, venait de s'attirer un salut très-riant de la part de madame de Forban. — Emma le regarde, il la voit ; et tous deux restent immobiles comme frappés de la foudre.

Avancez donc, mademoiselle, s'écriait Sellin, qui montait avec madame Dufeuil.

Qu'a-t-elle donc, dit celle-ci ? — Ah ! — Et se penchant à l'oreille du chevalier, elle lui fit remarquer ce même homme qui avait passé dans la soirée sous ses fenêtres.

Ce dernier, revenant de sa stupeur, passa avec rapidité près d'Emma. On dirait qu'il la froisse légèrement contre le mur; mais c'est pour lui dire en anglais ce peu de paroles, assez inintelligibles pour tout autre qu'elle, *If you speak, j am dead;* si vous parlez, je suis *perdu*. Et il continua à descendre sans regarder derrière lui.

Tout cela s'était passé dans un clin-d'œil ; cependant madame de

Forban, arrivée la première au haut du degré, criait à madame Dufeuil : Mais, ma chère, qu'attendez-vous donc ? — Ah ! vous voilà ! N'est-ce pas qu'il est bien, ce jeune homme ?

De qui parlez-vous ? ma bonne amie.

Ce jeune peintre qui m'a saluée tout-à-l'heure.

C'est un peintre ? demanda en soupirant Emma, à peine remise de son trouble.

Comment ! s'écria le chevalier d'un air persiffleur, j'aurais juré que vous vous connaissiez beaucoup, sur ma parole.

Il faut avouer que l'on pourrait avoir un meilleur ton que monsieur le chevalier, disait madame de Forban. — Mais, ma chère madame Dufeuil, vous ne répondez point à

ma question : Comment le trouvez-
vous ?

Fort bien ..... très - bien ......
répondit, d'un air préoccupé, madame Dufeuil. — Puis, sortant de
sa rêverie : vraiment très bien, beaucoup mieux que je ne le croyais. —
Il le sait sans doute, et je ne puis attribuer, qu'à une coquetterie bien
singulière dans un homme, le motif
qui l'a fait demeurer si long-temps
immobile, devant mademoiselle.

L'air malin, dont madame Dufeuil
appuya sur la fin de sa phrase, acheva
de déconcerter Emma. L'observateur
eût cependant démêlé, au travers de
l'embarras qui se décélait dans ses
traits, une teinte de joie, qui ne lui
était pas ordinaire, et animait sa
physionomie de la manière la plus
heureuse.

Elle avait pris le bras de Durfort,

ne voulant pas se rapprocher de Sellin, qu'elle commençait à détester,
autant que sa belle ame pouvait lui
permettre un sentiment haineux.

Durfort était de mauvaise humeur;
sa figure plate se renfrognait, sur-
tout quand madame de Forban parlait du jeune peintre.

Que lui trouve-t-on de si bien,
demanda-t-il ?

Sellin, qui ne se plaisait que dans
le désordre, riait sous cape de la
scène. La rêverie de madame Dufeuil l'inquiétait pourtant un peu. Il
avait de bonnes raisons pour craindre
sa légéreté. La figure du peintre était
noble et belle ; le cœur de madame
Dufeuil était tendre, et.....

Il n'y avait que peu de monde au
pavillon d'Hanovre. Durfort, malgré
son gain, n'en était pas plus amusant.
Madame Dufeuil était distraite ; ma-

dame de Forban ne parlait que du peintre ; Emma l'écoutait avec attention, et s'étonnait, malgré elle, de l'extrême intérêt que la comtesse prenait au jeune artiste. Sellin, sans égard pour les dames, bâillait tout haut. Enfin, on a rarement vu une société plus disposée à l'ennui.

Que faire ici, disait madame Dufeuil ?

Allons - nous - en, répondit Durfort.

Partons, dirent-ils tous.

Tous !..... Non. En historien fidèle, je dois à la vérité, de convenir que la jeune Emma, dont les regards inquiets se promenaient sans cesse autour d'elle, qu'Emma, dis-je, se tut. Un intérêt bien cher la retenait dans ce jardin, où elle espérait rencontrer encore le jeune peintre. Elle ne pouvait plus douter qu'il ne fût

2

le vicomte de Valbrun. L'avoir retrouvé était pour elle le bonheur
suprême. Il lui semblait qu'il eût dû
mettre plus d'empressement à chercher à la revoir dans cette soirée.
Quelquefois, une réflexion sur les
dangers qu'il courait, lui faisait attribuer à un excès de précautions,
cette froideur, dont, au fond de
l'ame, elle ne pouvait s'empêcher de
lui savoir mauvais gré. L'amour est,
de tous les enfans, le moins avancé
en fait de raisonnement. Qu'on ne
s'étonne donc pas des étranges idées
qui se présentèrent à l'esprit de l'intéressante orpheline. — Des rappro-
chemens involontaires, le feu dont
madame de Forban s'était animée en
parlant de lui, l'humeur jalouse de
Durfort, tout faisait craindre à Emma
que Valbrun...... Mais la comtesse
était d'un âge!...... Elle avait beau
chasser ces soupçons, ils revenaient

avec des circonstances aggravantes, dont l'idée seule était pénible. Hélas ! disait en elle même la sensible Emma, effrayée du chemin que lui faisaient faire ses conjectures, il faut que le commerce de ce monde corrompu m'ait bien changée, pour que de pareilles craintes......... Ah ! Dieux !...... C'est affreux ! — L'air de la dépravation empoisonnerait les sources les plus pures.

Telle était sa conversation muette; lorsqu'on se sépara. Monsieur Durfort et madame de Forban s'en furent ensemble dans la voiture de celle-ci.

Le chevalier donna la main à madame Dufeuil, et la reconduisit chez elle avec Emma, qui les laissa tête-à-tête dans le salon. Ils y restèrent........ ou n'y restèrent pas. — Je n'en sais rien. — Les affaires des autres ne nous regardent point.

Bien des jolies femmes pourront exer-
cer leur sagacité, pour deviner ce
qui arriva cette nuit-là. Je pense,
qu'en se consultant, elles pourront
trouver juste.

CHAPITRE VI.

Le Dejeûner.

Le lendemain, Emma descendit de bonne heure dans le jardin. Les scènes de la veille avaient occupé son imagination toute la nuit. Le peu de mots que lui avait dit Valbrun ne lui laissaient aucun doute sur son existence. Elle l'avait pleuré comme mort ; les papiers publics avaient annoncé sa fin tragique dans une ville d'Allemagne, prise par les Français, où, malgré qu'il n'eût jamais porté les armes contre sa patrie, on lui avait fait partager le sort des infortunés émigrés, qui n'avaient pu se sauver à temps.

L'*incognito*, qu'il voulait garder,

indiquait assez qu'il n'était pas à
Paris sans danger...... Un mouvement de terreur s'empara de ses
sens ; elle ne put retenir ses larmes.
Son cœur était dans un état d'abat-
tement qui nécessitait quelques dis-
tractions. — L'homme noir l'occupa
aussi. Elle le plaignait, en déplorant
la bizarrerie des hommes, qui semble
leur faire chercher le précipice, et
prendre à tâche d'y diriger leurs
pas....... Cependant, il lui restait des doutes ; et son incertitude
sur ce sujet, qui avait éloigné pour
un moment ses pensées du souvenir
de Valbrun, avait contribué à la remettre un peu, lorsque madame Dufeuil la fit demander.

Contre son ordinaire, elle l'ac-
cueillit avec un sourire gracieux,
qui suffit pour rendre à la sensible
Emma une partie de sa sérénité. — Il
était onze heures. Madame Dufeuil

avait fait fermer sa porte pour tout le monde, même pour Sellin. L'ennui la gagnait; ne sachant à quoi s'occuper, elle voulut sortir, et engagea Emma à l'accompagner chez madame de Forban, à qui elles iraient demander à déjeûner. — Elles montèrent dans l'élégante diligence de madame Dufeuil, et se rendirent chez la comtesse, qui ne s'attendait sûrement pas à leur visite. Elle reçut ces dames d'un air embarrassé, qu'elles remarquèrent.

Qu'avez-vous donc, ma bonne amie, lui dit madame Dufeuil? quelque tête-à-tête rompu? — Il faut convenir que nous sommes bien maladroites, d'entrer ainsi sans nous faire annoncer.

En vérité, madame, repartit celle-ci, vous mettez du sel et de la plaisanterie par-tout. Mon air n'est-il pas comme.......

Ce teint vif, ces couleurs brillantes !..... Ah ! madame de Forban, ne cherchez pas à dissimuler ; un beau jeune homme, je gage......

Emma souffrait beaucoup pendant cette conversation, qui continua quelque temps sur le même ton. Elle ne savait guère quelle contenance garder, lorsque monsieur Durfort parut. Une exclamation, échappée à madame de Forban, fit deviner à madame Dufeuil la cause de sa crainte et de son double embarras. Elle se promit de lui jouer quelque mauvais tour, et de jouir de la situation critique où elle comptait la mettre. Ce n'était pas qu'elle fût foncièrement méchante ; mais elle ne manquait pas de finesse ; et comme beaucoup de femmes de notre connaissance, elle

abusait souvent d'une des plus ai-
mables qualités de son sexe.

Ce qu'avait prévu madame de Forban arriva. Durfort, l'inquiétude de
la jalousie dans les yeux, sans remarquer les deux autres dames, adressa
sèchement la parole à la comtesse,
pour lui demander ce qu'était venu
faire chez elle le jeune peintre qu'ils
avaient rencontré la veille au pavillon
d'Hanovre.

L'on croira peut-être qu'elle fut
embarrassée. Lecteurs masculins,
c'est de vous que je veux parler,
car nous savons que le beau sexe
a, sur tous ces articles, une présence d'esprit tellement supérieure,
qu'il ne peut que trouver fort ordinaire la repartie faite à propos, l'expé-
dient bien appliqué, la tournure équivoque, la réponse ambiguë, &c. &c.
et ne rien voir de bien saillant dans

la manière dont s'en tira madame de Forban.

Trop adroite pour nier l'existence avérée, de la visite qu'on lui reprochait, elle voulut au moins donner le change sur sa cause. Ce jeune homme, dit-elle avec l'assurance de la vérité, m'a été présenté, il y a quelques jours, chez une de mes amies, qui vient de me faire passer, par son moyen, cette lettre, que je vous prie de lire, et qui annonce des revers incroyables de nos armées sur le Rhin (et elle lui présentait une lettre qu'elle avait reçue la veille).

Madame Dufeuil allait répliquer, et faire de nouvelles plaisanteries au sujet du secret qu'on avait gardé sur le messager, tandis qu'on en mettait si peu sur le message, quand Durfort, qui peut-être jouait aussi *à la hausse et à la baisse*, et calculait probablement tous ces événemens politiques, sortit après avoir salué les dames, et tourné une excuse sur l'obligation où il était de finir une affaire très-importante, qui ne pouvait souffrir aucun retard. Madame de Forban, qui savait à quoi s'en tenir, lui demanda nonchalamment, avec quelques instances simulées, s'il ne voulait pas tenir compagnie aux dames pendant le déjeûner. — Il refusa, ce à quoi on s'attendait ; et partit, au grand déplaisir de madame Dufeuil, qui voulait s'amuser aux dépens de tous deux.

On servit donc le déjeûner : il fut très-maussade. La conversation n'avait aucune suite. Emma rêvait à Valbrun. Elle ne pouvait douter qu'il ne fût venu chez la comtesse ; et déjà la jalousie versait ses poisons dans son cœur. Sa situation était pénible ; et les agitations de son ame se lisaient sur sa figure.

Madame Dufeuil, de son côté, avait l'esprit occupé du jeune peintre....
—En vain chacune fit des efforts pour ramener la gaîté dans ce trio. — Pour compléter les bonnes dispositions des acteurs, soit étourderie, soit maladresse, madame Dufeuil laissa tomber la théière pleine d'eau bouillante, sur une robe de prix, qu'elle mettait pour la première fois. La douleur lui fit pousser un cri aigu; et madame de Forban, pour étancher le fluide brûlant, prit la première chose qu'elle trouva sous sa main : c'était un mouchoir de batiste, qu'Emma la vit ramasser au pied du lit antique, qui décorait l'appartement. On en fut quitte pour la peur. Madame Dufeuil n'eut que sa jolie robe à regretter. Le mouchoir passa dans les

mains d'Emma..... Elle le regarda
avec attention, le reconnut, et ne
put retenir ses larmes....... Elle
l'avait elle-même brodé et marqué
avec ses cheveux, pour Valbrun ; et
il se trouvait dans les mains de madame de Forban.... sur son lit....
— Certes, Valbrun était infidèle. Il
la sacrifiait ; et à qui !....... Ces
réflexions piquèrent plus sa sensibilité que son amour-propre, et causèrent l'effusion qu'elle ne put retenir.

La comtesse attribua ses pleurs
à l'accident dont madame Dufeuil
avait failli être victime. Emma ne
la désabusa point..... Elle fut louée
et applaudie pour une chose à laquelle elle n'avait pas pensé. Elle
souffrait de ces éloges, qu'elle ne
méritait pas..... Et, pour la pre-

mière fois , elle se vit contrainte de
feindre.

Monsieur Derville, qu'on annonça,
vint la tirer de cette perplexité.

CHAPITRE VII.

Une nouvelle connaissance.

MONSIEUR Derville ! dit madame Dufeuil avec un geste de surprise. — Quoi, madame, vous le connaissez ?

madame DE FORBAN.

Oui, vraiment ; mais il est fort aimable. Il servait dans le régiment, que feu mon mari commandait. Il y était entré comme capitaine en pied, en sortant des pages.

madame DUFEUIL.

Un étourdi ! perdu de mœurs !

madame DE FORBAN.

Il a du moins , celui-là , conservé les formes décentes du meilleur ton.

L'allusion n'était pas difficile à saisir. Elle n'avait rien de flatteur pour certain petit chevalier...... Emma n'y prit pas garde, mais madame Dufeuil, piquée au vif, rougit jusqu'aux oreilles.

Monsieur Derville , en costume élégant du matin, parut alors. Peu d'hommes étaient plus avantagés que lui de la nature. Un œil noir plein de feu, un jeu de physionomie toujours nouveau, une tournure superbe, un air noble , le faisaient distinguer de la foule des jeunes gens. De l'instruction, de la bravoure , de l'esprit. — Il possédait sur-tout cette éloquence du moment, qui subjugue , émeut, entraîne , peint artificieusement le sentiment, oppose aux défaites de l'innocence les captieux argumens du sophiste, combat l'honnêteté du cœur, par le dérèglement de l'esprit, et sait couvrir des fleurs d'une perfide rhétorique, le précipice qu'elle creuse sous les pas de l'infortunée qui l'écoute.

Ces dames me pardonneront-elles de les avoir dérangées ? — Madame de Forban, toujours indulgente pour un homme qui a appris sous son mari, le noble métier des armes, me permet de lui rendre quelquefois mes devoirs le matin. Elle veut bien me garder une petite portion de l'amitié que feu mon colonel me portait.......

On dirait, à vous entendre, interrompit madame Dufeuil (qui ne manquait pas de motifs pour le haïr),

que madame a eu le rare avantage
d'être votre premier Mentor.

Cela serait effectivement, répliqua
Derville avec vivacité, si mes ennemis les plus acharnés, ne savaient
qu'on ne me conduit pas comme un
écolier. — Qu'en dites-vous, belle
dame ?

L'interpellation s'adressait à madame Dufeuil, qui, rouge de colère,
et peut-être d'un autre sentiment, se
mordit les lèvres en silence.

Emma, que le tour de la conversation avait tirée pour un moment de
sa pénible rêverie, ne savait à quoi
attribuer l'aversion de madame Dufeuil, pour un homme de l'extérieur
le plus aimable. — Elle résolut de
chercher à éclaircir ses doutes.

Je vous trouve changé, dit madame de Forban à Derville.

Oh ! très-changé, ajouta madame Dufeuil.

Très-changé, répéta Derville. Ce n'est pas la faute de certaines personnes, si je ne le suis pas davantage. — Mais, raillerie à part, ma santé n'est pas bonne ; ma poitrine se délabre ; et je compte faire incesamment un nouveau voyage à Plombières. — Le changement de demeure amène la variété des plaisirs, et tout le monde sait que c'est le plus universel remède contre l'ennui.

Vous y avez bien fait parler de vous, mauvais sujet, l'année dernière.

Il est vrai qu'il m'y est arrivé de ces choses, qui arrivent par-tout.... mais avec des circonstances.....

Madame, votre piano est-il d'accord ? demanda Emma.

Oui, mon enfant, dans mon cabinet. — Vous y trouverez les sonates dédiées à la reine de Prusse, par Steibelt.

Je vais, avec votre permission, les essayer.

Madame Dufeuil fit un mouvement pour la suivre. Derville la retint doucement : restez, restez donc, madame. Que cette jeune innocente sorte ; à la bonne heure....... mais vous !.....

La comparaison frisait un peu l'impertinence. On sera étonné de voir madame Dufeuil la souffrir. Il n'en est pas moins vrai qu'elle resta, et se mit à écouter d'un air distrait ce que Derville allait dire.

Vous n'ignorez pas, mesdames, combien un sexe aimable a de droits à mes attentions. Je le cherche par-

tout; et tout me manque à la fois,
quand je suis privé de sa présence.
J'allais à Plombières, il y a près d'un
an. La voiture d'une belle dame, sans
doute pressée d'arriver, veut passer
la mienne. Mon postillon, mauvais
plaisant, et encore plus mal-adroit, se
laisse accrocher, et dans un tour de
roue, ma berline renverse dans la
boue, la jolie diligence. Aux cris affreux qui en sortaient, je fais vîte
arrêter. La dame était évanouie, dans
une position plus aisée à admirer qu'à
décrire. Ravi du spectacle enchanteur, offert à mes avides regards, j'at-
tendis, dans une respectueuse immo-
bilité, que la fin de la crise me permît
de faire agréer mes excuses. — Peut-
être hâtai-je ce moment par quelques
innocentes caresses. Enfin, la dame,
revenue de son évanouissement, mais
non de sa frayeur, voulut bien ajouter
à l'oubli de mes torts involontaires,

la faveur précieuse d'accepter une place dans ma voiture, jusqu'à la dînée, où la sienne devait nous rejoindre, après avoir reçu les réparations indispensables. — Je vous laisse à penser si la route me parut charmante. Le dîner, que j'avais envoyé commander par mon courrier, était prêt quand nous arrivâmes. Mon aimable compagnon de voyage eût la bonté de le trouver délicieux, et celle encore plus grande de consentir à ce que je l'escortasse jusqu'à ✳✳✳ où elle comptait coucher. — Bacchus et Cypris se doivent de mutuels secours. Pénétré de cette essentielle vérité, je ne voyage jamais sans un *abrégé* de ma cave. Le vin était bon. Le champagne avait échauffé nos têtes. La nuit nous eut bientôt surpris. Après l'accident du matin, la frayeur avait un motif. Chaque cahot de la voiture donnait des attaques de

nerfs à mon joli partenaire. J'essayai
de lui administrer un calmant dont
je connais la vertu, et.....

Ici l'historien s'arrêta, et fixant
les deux dames : Que croyez-vous que
tout cela devint? Parlez, mesdames;
parlez sans détour, et comptez sur
ma franchise.

Mais, répondit madame de Forban,
je pense qu'avec un homme comme
vous..... les conjectures ne doivent pas être indécises.

DERVILLE.

Madame Dufeuil ne dit rien ?

madame DUFEUIL.

Monsieur.... mon avis.;.. dans
ces sortes de matières....

DERVILLE.

Votre avis, madame, est ici très-

1.   D

important, mais, très-important....
c'est-là le sel de mon aventure ; et
si. ...

madame DUFEUIL.

Eh bien ! puisque vous m'y forcez ;
je crois que si la dame avait conservé
une ombre de raison, il ne devait
pas y avoir pour elle, l'ombre d'un
danger.

Madame Dufeuil est piquante, dit
en souriant Derville, et, de plus, elle
est bien sévère. Mais puisqu'elle a
porté un jugement sans appel, j'en
conclurai que mon aimable com-
pagne avait perdu l'esprit, puisqu'elle a succombé à l'appât d'un
péril, regardé comme imaginaire par
madame. — Au reste, je suis bien
aise de dire ici, pour l'instruction
des femmes à aventures, qu'une confiance trop anticipée peut leur nuire,

en mettant une arme terrible dans
des mains souvent peu généreuses.
Il n'eût tenu qu'à·moi d'abuser des
confidences de la dame dont nous
parlons. Je tenais d'elle son nom, sa
demeure....... A mon retour, je
préférai la privation de sa société au
chagrin de l'afficher peut - être par
mes soins. — Eh bien ! le croiriez-
vous, mesdames ? après un an, je
viens de m'appercevoir, il y a très-
peu de temps, qu'on me savait mauvais gré d'une attention si délicate.
Convenez qu'il y a là plus que de
l'injustice, et même (en lançant à
madame Dufeuil un regard sévère)
plus que de la mal-adresse.

Quant à la mal-adresse, j'en suis
d'accord; mais à l'injustice.....

Oui, s'écria madame Dufeuil, qui
venait de prendre son parti; il y aurait trop d'injustice à ne pas donner

2

à l'amabilité, à l'esprit, aux procédés, un tribut d'éloges mérités; et si j'avais le malheur d'être cette femme.......

Je vois que vous pardonneriez, et, en honneur, je vous en sais tout le gré possible.

Deux ou trois coups-d'œil à la dérobée, scellèrent le raccommodement; car on a déjà deviné que madame Dufeuil était l'héroïne de l'aventure méchamment racontée par Derville, pour se venger de la dureté de son accueil. — Madame de Forban, trop usagée pour avoir fait semblant de s'appercevoir de rien, proposa un tour de Tuileries. On rappela Emma, et les dames se rendirent à ce superbe jardin.

CHAPITRE VIII.

Les Tuileries.

La journée était belle ; l'été avait ramené les ris et la verdure ; et le ciel tranquille invitait les oisifs de Paris à se confier à sa sérénité. — Les Tuileries étaient superbes. C'était vraiment à cette époque qu'elles présentaient ce coup-d'œil majestueux qui en impose, et donne à l'ame une énergie plus forte.

Derville en était ravi, et il sut communiquer son enthousiasme aux dames. — Quoique le soleil dardât alors ses rayons avec plus de force, un léger zéphyr en tempérait l'ardeur, et rendait le temps délicieux.

Les orangers en fleurs répandaient un parfum exquis, et le cœur d'Emma jouissait de la beauté de ces lieux, qui lui rappelaient le parc et le château où elle avoit passé sa première enfance.

Cœurs purs et simples ! c'est à vous, qu'il appartient d'admirer la nature. Le méchant ne trouve, dans ses beautés sublimes, qu'un contraste cruel avec son ame, qui le tourmente et l'obsède à la fois.

Un coup de pistolet, suivi de plusieurs cris affreux, remplit Emma d'épouvante et d'effroi. Madame Dufeuil se fût sans doute évanouie, si elle n'avait été prévenue par la comtesse, qui s'empara de la seule chaise à leur portée. Mais cet obstacle et la vue d'une foule considérable qui s'attroupait près de l'endroit d'où était parti le coup, piquèrent sa curiosité et détournèrent son attention de ce qu'elle aurait dû faire, pour ne pas blesser les règles. Elle ne s'évanouit donc pas, et appercevant de loin l'homme noir parmi les curieux, elle pria Derville de l'appeler; madame de Forban avait repris ses sens lorsqu'ils les rejoignirent.

On s'attend peut-être à voir ce critique austère, épuiser l'amertume de ses réflexions sur l'événement qui venait d'arriver, et se servir de ce prétexte pour sermonner à son aise. Loin de-là, cet homme avait la figure altérée; l'expression de la douleur se peignait dans tous ses traits. Ce censeur, si farouche quelques heures auparavant, épanchait sa sensibilité, et laissait alors voir sa belle ame à découvert..... Il venait d'être témoin d'un terrible effet de ces abus tolérés, qu'il avait signalés la veille, et gémissait sur les mal-

4

heureux qu'il allait faire..... Pressé
par madame Dufeuil, il raconta que
le soir précédent , étant monté par
hasard à la *roulette* de Frascati, il y
avait rencontré un père de famille de
sa connaissance, qui venait d'éprouver une perte considérable. — Il avait
voulu essayer si la fortune lui serait
moins contraire au jeu. — Il s'y était
ruiné tout - à - fait ; et , désespéré
d'avoir réduit ses malheureux enfans à la plus affreuse indigence, il
n'était point rentré chez lui de toute
la soirée précédente...... Je le
cherchai , continua l'homme noir ,
pour le consoler et l'empêcher d'at-
tenter à ses jours : je courus vainement une partie de la nuit et toute
la matinée. J'étais sur ses traces : on
lui avait vu prendre le chemin des
Tuileries ; je croyais l'y trouver ,
lorsque j'entendis le coup fatal. Je
frémis, et en m'approchant, je vis

avec la plus profonde douleur, que j'étais arrivé trop tard. L'infortuné venait de se brûler la cervelle. Adieu, mesdames, j'ai son épouse vertueuse et ses enfans à consoler.... à sauver peut-être.... Puissé-je être plus heureux ! Je vous quitte. — Adieu.

A ces mots, l'homme noir s'éloigna précipitamment, et laissa dans tous les cœurs une vive impression de son discours. — Il régna un silence de quelques minutes. On continua cependant à se promener, et un quart-d'heure après, la seule Emma se rappelait la générosité de l'homme noir, et le funeste événement qui la mettait si fort à l'épreuve. Madame de Forban, qui n'avait pas oublié ses plaisanteries de la veille, et qui se voyait si trompée dans ses conjectures, ne dit mot. L'on s'assit ; et la conversation, comme toutes celles qui ont lieu dans les promenades publiques , prit le tour de la critique.

La jolie tournure ! s'écria la comtesse , en voyant un militaire encore très - jeune , et revêtu des marques distinctives d'un grade supérieur. Sa physionomie respire à la fois le courage et l'amabilité. C'est Mars entrant chez Vénus.

Vous ne le connaissez pas ? repartit Derville. Cet homme est choyé dans quelques sociétés ; il a un certain jargon qu'on veut bien appeler de l'esprit, et sait séduire au premier abord. Il entra au service par une porte qui devait lui procurer de l'avancement : ses premiers exploits l'illustrèrent, dans les journées des 2 et 3 septembre.

O ciel ! s'écria madame Dufeuil, le monstre !....... Et il est souffert ?......

DERVILLE.

Je ne sais ce qui en est cause. Si sa conduite avait du moins fait oublier ces premières horreurs.... Mais bien loin d'être à l'abri de la censure, elle a continué d'être aussi méprisable.

Un petit silence suivit. — Madame Dufeuil fit remarquer à son tour un jeune homme qu'elle connaissait fort bien, et qui donnait le bras à une femme qui se croyait jolie, parce qu'elle avait un teint fade, des yeux noirs assez grands, mais sans expression, une tournure affectée et une mise indécente. On la voyait par-tout, et principalement à Frascati, où, chaque soir, elle allait essayer d'étaler des graces qu'elle n'avait pas.

Ah! dit madame Dufeuil, il est beaucoup mieux sans poudre. — On vanta fort le jeune homme. Il était

6

d'une grande utilité dans les bals : on le comparait à Vestris, avec qui il rivalisait, de plus d'un côté peut-être......Mais il était à la mode, c'était tout dire. Emma s'étonnait de ce que son esprit ni son amabilité n'entraient pour rien dans les éloges qu'on lui prodiguait si légèrement. Elle en fit la réflexion. Derville sourit, s'approcha d'elle, et lui dit tout bas, d'un air malin, que ces qualités n'en étaient plus que dans quelques sociétés très-rares et très-difficiles, et qu'avec de l'impudence, du bavardage et des gestes, on y suppléait dans le grand monde où était répandu ce jeune homme. Au reste, ajouta-t-il, il perdrait son temps à vouloir faire de l'esprit avec les dames dont il cause les délices : elles pourraient se méprendre sur ses intentions......

Madame Dufeuil se taisait, lorsque son amie fit remarquer ses voisins qui montaient sur leurs chaises, pour essayer de voir ce que chacun s'empressait de regarder. C'était une femme à laquelle on ne donnait point d'intrigues, et qui faisait en public le même effet qu'une bête curieuse et rare. Elle est belle, dit madame de Forban avec un air dédaigneux. On ne lui connaît point d'amans, mais.....

Elle n'ajouta rien. Madame Dufeuil ne laissa pas échapper une si belle occasion de pouvoir mordre; elle appuya sur ce *mais* si équivoque, et fit quelques plaisanteries qui ne manquaient pas de sel.

Derville voyait Emma pour la première fois. Il était connaisseur, et la jugea comme elle le méritait. Il fit tous ses efforts pour paraître aimable et égayer la jeune personne. On pense bien qu'ils ne furent pas infructueux. Elle remarqua cette déférence, lui en sut gré, et hasarda quelques questions.

Sellin appercevant les dames, s'en approcha ; madame Dufeuil le reçut à-peu-près comme à son ordinaire, et lui, toujours fat, mais toujours charmant, sut, par ses propos décousus, les occuper, tandis qu'Emma et Derville examinaient les passans. Ce dernier, spirituel autant qu'aimable, l'amusait beaucoup en lui dépeignant sous les traits les plus plaisans, différentes personnes qui s'offraient à leur vue.

La critique seule ne l'entraînait pourtant pas à un tel point, qu'il ne sût rendre justice au mérite ; et si, d'un côté, il déchirait sans pitié cette foule d'écrivains insensés ou parasites, dont les lourdes productions nous assomment ; de l'autre, il savait, sans en faire un éloge outré, distinguer, au milieu de ces mauvais auteurs, qui n'ont que le talent de vous ennuyer, ceux dont les ou-vrages, généralement et justement goûtés, consolaient les véritables connaisseurs, de la décadence des lettres. — L'auteur du *Vieux Céli-bataire*, celui du *Mariage secret*, le chantre aimable, quoiqu'un peu in-dévôt, de *la Guerre des Dieux*; le père des *Deux Prisonniers*, et ceux de ces joyeux et délicats vaudevilles, où l'on trouve, avec la bonhomie du sentiment, les finesses d'un es-prit malin, reçurent tour-à-tour des éloges mérités.

Si Derville fut sévère pour les lit-térateurs de son sexe, il n'épargna pas ceux de l'autre.

Voyez-vous, dit-il à Emma, cette femme qui, à soixante ans, se donne encore un air de jeunesse ? elle est

auteur aussi : elle a fait autrefois d'assez jolies choses; mais comme beaucoup d'autres , elle s'est élevée du
vol d'Icare , et a éprouvé son sort.
Elle croit être aimable, elle n'est que
ridicule. Ses prétentions, ses minau-
deries et ses derniers ouvrages , en
font une ennuyeuse mortelle. Elle
avait des moyens, et en se bornant à
ces jolis riens , qui devraient être le
seul partage des femmes, lorsqu'elles
s'occupent de littérature , elle se serait sans doute conservé une réputation dont les commencemens pro-
mettaient. Recevant beaucoup de
ces gens qu'on appelle *savans*, qui
vous prodiguent leurs flagorneries en
échange de quelques dîners pério-
diques , où ils s'en donnent pour les
jours d'abstinence , elle croit aller à
l'immortalité sur les aîles de ces hi-
boux du Parnasse. — Malheureuse-

ment pour nous, elle a des imitatrices;
et Erato n'est pas la seule d'entre les
Muses, qui ait à disputer son empire
contre les entreprises de ces dames.
L'une d'elles, dévouée, bon gré
malgré, aux autels de Thalie, n'a
recueilli de ses vains essais, que la
triste prérogative de donner la co-
médie à ses dépens. Une autre, dans
sa marche plus sublime, voulant son-
der les abîmes de la métaphysique,
et pénétrer les secrets de la politique
et de la diplomatie, croit avoir saisi
la gloire, quand elle n'a trouvé que
la publicité.......

Il se faisait tard, et madame Dufeuil, qui n'avait pas, pour oublier
les heures, les mêmes motifs qu'Emma, voulut s'en retourner. Les deux
hommes et madame de Forban furent
engagés à dîner. On se sépara pour

faire sa toilette ; et madame Dufeuil et Emma retournèrent seules
à l'hôtel.

CHAPITRE IX.

Le dîner.

ELLES trouvèrent, en rentrant, Dufeuil, qui attendait avec impatience leur retour, pour annoncer à sa femme, que le Ministre devait venir lui demander à dîner *sans façon*. Mais comme ce n'était pas *sans façon* qu'il voulait traiter l'Excellence, il en prévint madame Dufeuil, pour qu'elle eût à donner les ordres convenables.

Je l'ai vu ce matin, dit Dufeuil. Il a trouvé votre maison agréable, le ton qui y règne, excellent, et mademoiselle (en montrant Emma) charmante.

Un souris bien forcé, bien pincé

de madame Dufeuil, semblait dire :
*Et il n'a pas parlé de moi! Cet homme
est bien malhonnête.......*

Un accès d'humeur devait néces-
sairement suivre une réflexion tacite,
aussi défavorable à l'amour-propre.

En vérité, monsieur, je vous ad-
mire ! vous invitez comme cela les
gens sans vous inquiéter de rien.
J'avais pour ce soir une partie charmante, que vous me faites manquer,
parce qu'il plaît à votre aimable pro-
tecteur de passer quelques momens
près de mademoiselle.

Puis, se tournant vers Emma : Vous
ne songez pas à faire votre toilette ?
— Il est vrai qu'avec les graces de
la nature, on se passe des vains secours de l'art ; pour moi, qui en ai
grand besoin, je n'ai pas trop de temps
pour me préparer.

Elle achevait à peine, qu'elle entra dans son appartement; et la violence avec laquelle elle en poussa la porte, indiquait assez dans quel sens la pauvre Emma devait prendre le gracieux compliment qu'on venait de lui adresser. — Elle se retira, le cœur gonflé de soupirs; et après s'être habillée, elle chercha, dans la culture de ses talens, une distraction aux réflexions tristes qui l'obsédaient. Ce père de famille, victime du jeu, cette femme intéressante de la veille, déshonorée par un freluquet obscur; mais sur-tout le mouchoir de Valbrun, trouvé chez madame de Forban, dans son alcove...... sur son lit..... Il y avait bien là, de quoi faire beaucoup rêver. — Au milieu de sa perplexité, la joie qu'elle éprouvait d'avoir retrouvé son amant, combattait en elle le chagrin que lui causait la presque certitude de son infidélité.

Quand mademoiselle voudra descendre, madame l'attend, vint dire un laquais.

Emma obéit à une invitation qui, de la part de l'impérieuse madame Dufeuil, était toujours un ordre.

Elle trouva dans le salon Derville, qui l'avait précédée de quelques instans, et s'était déjà placé sur l'ottomane, à côté de l'héroïne de son aventure.

Madame de Forban et Sellin ne tardèrent pas à paraître; Dufeuil les suivit de près. Il ne connaissait pas Derville; mais en homme qui savait son monde, il se garda bien de demander qui c'était.

Le Ministre n'arrive pas, dit-il......

Je suis au désespoir, interrompit sa femme, que ces dames souffrent

de ce retard ; mais mon mari a toujours la manie d'inviter......

Elle allait probablement dire une
sottise, quand un coup-d'œil de son
époux la fit souvenir que l'homme
invité étoit un homme utile ; et que,
lorsqu'il lui passait le superflu, elle
devait, à son tour, souffrir le nécessaire.

Six heures sonnaient, et point de
Ministre. La faim commençait à gagner toute la compagnie, et la conversation se sentait du vide des es-
tomacs. — Madame de Forban mur-
murait tout bas contre les grands
seigneurs du siècle. Sellin répétait
des pas de danse. Emma pensait.
Madame Dufeuil écoutait Derville,
qui, ordinairement assez bavard, par
malice parlait très-peu dans ce moment. Dufeuil s'impatientait ; l'inquiétude se lisait sur son visage ; il

allait perdre sa fourniture, et déjà calculait en idée le décroissement de son brillant projet.

Enfin, à sept heures et demie, une voiture entra, et bientôt le convive tant desiré parut.

Que j'ai de pardons à demander! dit-il en entrant. Mais je suis accablé d'affaires; je ne voulais en remettre aucune à cette soirée. Si vous le permettez, je me dédommagerai, en la passant avec vous, des instans que je viens de perdre.

La proposition fut accueillie moins comme une demande que comme une faveur. On se mit à table, où, pendant tout le premier service, l'appétit général ne permit à personne d'ouvrir la bouche que pour manger.

Le dîner était délicieux, le vin exquis. Derville, placé près de madame Dufeuil, considérait attentivement Emma, à qui le galant Ministre adressait à chaque propos de nouvelles fadeurs. — Sellin, un peu oublié de la maîtresse de la maison, s'était rabattu sur madame de Forban.

Enfin, tout le monde était *arrangé*, ou à peu près, quand on passa dans le salon pour prendre le café.

Le Ministre donna la main à Emma.

Savez-vous, dit-il à Dufeuil, en l'entraînant dans l'embrasure d'une croisée, que cette jeune personne m'intéresse infiniment ?

Vous la jugez sans doute avec beaucoup d'indulgence.

Si elle était votre fille, je ne vous dirais pas tout ce que je pense sur son compte. Mais avant d'entrer en matière, prenons le café ; nous causerons ensuite.

Il n'était pas difficile, d'après ces ouvertures, de deviner quel genre d'impression Emma avait produite, sur l'ame étroite de l'homme en place. Dufeuil avait pénétré ses intentions. — Ce n'était pas cependant sans une espèce de remords, qu'il se voyait au point de rendre la fille de ses bienfaiteurs, l'objet d'un vil trafic. — Il était attaché à Emma, mais il aimait encore plus l'argent. Il résolut, pour tout concilier, et obtenir du Ministre la fourniture qu'il convoitait, de paraître se prêter pour un instant à ses vues, sauf ensuite à apporter à l'exécution, des conditions, que sans doute on allait lui proposer; des retards pendant lesquels un changement de circonstances pût, en renversant le traitant, rendre nul le traité.

Monsieur Dufeuil, comme on le voit, avait de grands principes de machiavélisme, et réellement, avec

n peu plus d'acquit, on en eût fait
n profond politique.

La conversation venait de se mor-
eler; et le Ministre en profita pour
enouer son entretien.

Cette fourniture que vous deman-
lez........ est bien....... considé-
able......

DUFEUIL.

Elle n'est point trop au-dessus de
nes forces, si vous voulez me prêter
otre appui.

LE MINISTRE.

Je serais assez disposé à vous *épau-*
er, si je ne craignais les censures,
es épigrammes, auxquelles nous
utres gens en place sommes conti-
uellement exposés. Cependant je
ne sens la force de les braver; mais

je mettrais à cette complaisance un
prix.......

DUFEUIL.

Parlez.......

LE MINISTRE.

Elle est fort bien, cette petite Emma........

(*Il regarde Dufeuil, qui a l'ai*
de ne pas le comprendre : il continue :

Elle est fort bien..... Ma femme....
est seule...... vous devriez engager
votre pupille à venir passer quelque
temps avec elle à l'hôtel......

Dufeuil ne s'attendait pas à être
serré de si près. — Livrer ainsi l'innocente sur-le-champ, c'était mettre
en danger sa garantie : le marché
n'était pas avantageux. — D'ailleurs
je l'ai dit, il n'était pas dépravé au

point que le supposait son protec-
teur.

LE MINISTRE.

Eh bien ! vous ne répondez rien?

Dufeuil était inventif : il avait l'esprit de l'intrigue. Il eut bientôt trouvé
une excuse. Vos bontés pour moi,
dit-il, vous garantissent assez mon
entier dévouement. Mais une dé-
marche précipitée peut tout gâter,
et me nuire, sans vous avoir servi.
— Ma femme a beaucoup d'amitié
pour Emma : elle jettera les hauts
cris si on l'en sépare aussi brusque-
ment. Cela fera du bruit; on m'ac-
cusera dans le public; et qui sait si
les soupçons ne monteront pas jusqu'à
vous ? — Il est d'autres moyens, qui,
pour être plus lents, n'en seront que
plus sûrs.......

En disant ces mots, il se rapprocha

de son oreille ; et le Ministre, après lui avoir fait développer ses motifs, parut les approuver en partie.

CHAPITRE X.

Une visite.

On annonça madame de Lymours. Ce nom, peu connu dans la société, excita la curiosité générale. Elle entra ; et si ce sentiment disparut, ce fut pour faire place à l'admiration.

Madame Dufeuil la reçut avec les transports de la joie la plus vive ; et le citoyen Ministre l'ayant trouvée *assez bien*, on ne craignit plus de donner l'essor aux louanges.

On se rappelle la jeune dame de Frascati, à qui madame Dufeuil avait offert sa voiture. C'était elle-même, qui, conduite par son respectable père, venait la remercier de son obli-

4

geante attention ; Emma sur-tout fut l'objet de sa gratitude. Leurs deux cœurs paraissaient faits l'un pour l'autre........ Elles furent bientôt liées ; et une confiance réciproque en fit, avant la fin de la soirée, deux amies intimes.

Ceux qui se trouvaient là avaient été, pour la plupart, présens à la scène de la veille...... on avait entendu donner le rendez-vous....... mais l'incertitude enchaînait toutes les langues, et l'on eut au moins la discrétion de se taire. La seule Emma sut ce qui s'était passé. Madame de Lymours se trouvait près d'elle, et lui raconta qu'ignorant les projets de son père, elle s'était mise au lit, où elle avait passé une nuit affreuse. Si, pour quelques instans, le sommeil fermait sa paupière, des rêves sinistres, épouvantables, l'éveillaient en sursaut, et la rendaient à sa douleur.

Vous ignorez, dit-elle, la cause de l'événement d'hier, ou du moins vous n'en connaissez pas toutes les circonstances. Je ne puis me les rappeler sans rougir, et je ne me sentirais pas la force de vous les raconter, si l'amitié que vous m'avez inspirée, ne me faisait pas sentir le besoin de m'acquérir quelques droits à votre estime, en justifiant à vos yeux une conduite équivoque. — Veuve quelque temps après mon mariage avec monsieur de Lymours, je me trouvai maîtresse de moi-même au milieu d'un monde qui m'était entièrement inconnu. Mon père ne me surveillait nullement, et ma vie se passait dans une entière liberté..... Je distinguai parmi les jeunes gens qui fréquentaient la maison d'une de mes amies (car je n'en recevais aucun chez moi, à moins qu'ils n'y fussent amenés par mon père) ; je distinguai, dis-je, le jeune

5

Florval, dont l'extérieur honnête et
décent, m'avait favorablement prévenue. Je le voyais avec plaisir ; déjà
peut-être mon cœur répondait à l'a-
mour qu'il paroissoit ressentir. . . . . .
lorsque cet affreux entretien d'hier. . . . .
vous l'avez entendu ! . . . . .

Madame de Lymours ne put achever ; son agitation était extrême : elle
était humiliée, et pourtant sa douleur n'avait pas l'expression du re-
pentir. . . . . . c'était le cri de l'innocence outragée. — Emma, atten-
drie, lui prodiguait ces consolations
muettes, également difficiles à administrer délicatement, et délicieuses
à recevoir. L'aimable veuve rompit
enfin le silence.

Ah ! mademoiselle, dit-elle en soupirant, combien j'ai souffert ! puis-
siez-vous. . . . . . .

Derville, à ces mots, s'approcha,

et se mêla au petit dialogue. — Le
Ministre et Dufeuil, debout contre
la cheminée, regardaient souvent
Emma et sa nouvelle amie, en con-
tinuant leur entretien fort animé. —
Madame Dufeuil, quoiqu'occupée
par Sellin, jetait de temps en temps
un coup-d'œil inquiet sur Derville et
sur les deux jeunes personnes......
Quel était son motif?..... voulait-
elle renouer avec lui, ou son amour-
propre seul était-il piqué de ce qu'elle
ne recevait pas exclusivement tous
ses hommages? — Quel qu'il fût,
son esprit était dans une trop cruelle
anxiété pour qu'elle ne cherchât pas
à se tirer de cette situation........
Elle proposa un tour de jardin, et il
fallut encore se séparer.

Au moment de quitter l'appartement, Emma et Derville se trouvant
au balcon, que la lune éclairait alors
en plein, furent salués par un jeune

6

homme que le cœur de l'innocente
reconnut. Son teint se colora plus vivement.......... Le passant avait
salué avec un air de familiarité, et
elle demanda timidement à Derville
s'il le connaissait....... C'est mon
ami, répondit-il; il y a fort peu de
temps qu'il est à Paris, et c'est chez
moi qu'il est descendu. — Il a de l'esprit, des talens...... Mais madame
Dufeuil nous appelle, ne restons pas
plus long-temps. — J'ai eu la mal-
adresse d'interrompre votre conversation avec madame de Lymours : je
veux réparer cette faute, car, con-
venez-en, vous m'en voulez.......

Emma s'en défendit honnêtement,
mais ne fut pas fâchée qu'on lui four-
nît les moyens de satisfaire une curiosité, justifiée par le plus tendre intérêt. — Le Ministre et Dufeuil restèrent dans le salon ; madame de
Forban prit le bras de Sellin ; Derville,

et pour cause, s'empara de la maîtresse de la maison.

L'homme noir entra alors. Il connaissait monsieur de Ternange, le père
de madame de Lymours; et après lui
avoir témoigné sa satisfaction de le
voir sain et sauf, ils rejoignirent ensemble madame de Forban; de sorte
que la jolie veuve et Emma se retrou-
vèrent seules, à leur grand plaisir.

Madame de Lymours, qui lisait
dans les yeux de sa jeune amie, son
impatience de savoir la fin de son
aventure, reprit le fil de son récit,
et continua de la sorte :

Mon père devait se battre, et je ne
le sus que lorsque l'affaire fut termi-
née. Je n'appris qu'avec effroi les
circonstances de cet affligeant duel.
Les deux jeunes gens s'étaient trou-
vés exactement au rendez - vous.
Florval laissa le choix des armes à

mon père : il avait emporté ses pisto-
lets, et il voulut que le sort décidât la
querelle. Monsieur de Ternange tira
le premier, et manqua. Florval avait
essuyé son feu de sang-froid, et au
lieu de lui riposter : « Monsieur, lui
» dit-il, vous pouvez recommencer,
» et achever une vengeance méritée.
» Je n'aggraverai point, en attentant
» aux jours d'un homme que je res-
» pecte, des torts peut - être déjà
» irréparables ; et quoi qu'il puisse
» arriver, je ne soutiendrai point par
» un crime une fausseté, fruit d'une
» trop blâmable étourderie ». — Ce
procédé généreux désarma mon père,
qui, après s'être tourné vers les té-
moins, comme pour les rendre garans
de cet aveu, tendit la main à son
adversaire, en lui disant : « Jeune
» homme, je ne puis vous mépriser,
» mais ne nous rencontrons jamais ».

Il le quitta, et le laissa sans doute à sa douleur et à ses remords.

La naïveté, la bonne-foi de madame de Lymours, en racontant ces événemens, qui n'étaient pas tous à son avantage, lui enchaînèrent le cœur d'Emma. Elle la plaignit sincèrement; et les réflexions qu'elle fit sur cette aventure, la portèrent dèslors à se défier des hommes. Elle les croyait aussi simples qu'elle, et ne pouvait concevoir l'idée d'une perfidie aussi éloignée de sa belle ame. Pauvre petite! combien il t'en coûta pour te désabuser.

Sa nouvelle amie, qui craignait de lui laisser quelqu'impression défavorable, entra dans une foule de détails sur sa liaison et les propos calomnieux du jeune fat. Elle se disculpa entièrement à ses yeux; elle n'avait pas besoin de tant d'éclaircissemens pour la juger honnête et vertueuse.

Pendant ce temps, que faisaient madame Dufeuil et Derville, qui, tête-à-tête, se promenaient assez éloignés du reste de la société?

CHAPITRE XI.

Un tête-à-tête fort rare à la fin du dix-huitième siècle.

QUE faisaient-ils ? — La question paroîtra plus que déplacée à quelques-unes des jolies Parisiennes, à qui ce Livre tombera dans les mains. Elle pourrait du moins passer pour difficile à résoudre, puisqu'ils étaient seuls. Mais Derville, qui ne se pique pas toujours d'une discrétion bien sévère, n'a rien laissé à desirer sur les détails de cette intéressante entrevue.

Mais enfin, à quoi bon tout ce bavardage ? Que faisaient-ils ? — Demandez plutôt : Que disaient-ils ?

car jamais, jusqu'à ce jour, on n'avait vu Derville plus posé ni plus sage.

Madame Dufeuil avait pris, par distraction, un bras qu'on ne lui avait point offert ; et ses pas se dirigèrent machinalement, vers un labyrinthe touffu, dont les rayons de la lune ne pouvaient dissiper l'obscurité.

On gardait de part et d'autre un silence, qui contrariait autant l'une, que son envie de le rompre amusait l'autre.

Il fait ce soir un temps superbe.

Oui, réellement, répondit Derville.

(*Nouveau silence.*)

Comment trouvez-vous ce labyrinthe ?..... Il est arrangé de cette année.......

Je le trouverais charmant, s'il

m'était permis de m'y égarer tout-à-
fait avec vous.

Le compliment resta sans réponse
verbale ; mais le bras de Derville fut
légèrement pressé.

Il parut n'y pas faire attention ; et,
s'il faut l'en croire, madame Dufeuil
fut mortifiée de cette insouciance; car
elle connaissait trop bien l'homme,
pour le taxer de nigauderie........
— Mais c'était un parti pris : Derville
voulait se réserver le plaisir de la voir
venir, et rien au monde ne lui aurait
fait entamer la conversation.

madame DUFEUIL.

Il faut que vous soyez bien monstre ! ......

DERVILLE.

O ciel ! qu'ai-je fait pour mériter
un si sanglant reproche ?

madame D U F E U I L.

Quoi ! non content d'avoir été l'artisan de ma honte, de m'avoir rendue victime de votre perfidie, vous pousseriez la cruauté jusqu'à exiger que je rappelasse moi-même les circonstances d'une faute, dont vous m'avez si cruellement punie !

D E R V I L L E.

Votre honte !.... ma perfidie !... c'est-à-dire qu'il y a de la scélératesse à trouver une jolie femme aimable, à le lui dire, à le lui prouver..... Qu'il y a de la honte à elle de se laisser aller à un homme qui l'ado........ (Le mot expira sur les lèvres du traître.)

madme D U F E U I L.

Je ne dis pas précisément cela ;

mais il faudrait que je fusse bien peu
délicate pour n'avoir pas ressenti vivement l'abandon outrageant.....

DERVILLE.

Seriez - vous cruelle au point de
me faire un crime , de ce qui n'était
qu'un effort de raison , une surabon-
dance de sentiment......?

madame DUFEUIL.

Ah ! prouvez-moi la vérité de cette
dernière expression. — Cela sera curieux.

DERVILLE.

Oui, je le répète , excès d'amour ;
je craignais une légéreté trop commune chez votre sexe. — Je pouvais
avoir, ajouta-t-il avec un sourire fin ;
de bonnes raisons pour la redouter ,

cette fatale légéreté. Un moment avait créé mon bonheur, un moment pouvait le détruire. Je devais, en vous quittant, être presqu'assuré d'être oublié ; à mon retour, j'eus peur d'en acquérir la certitude. Je ne pouvais vous haïr , j'aurais tremblé d'être obligé de vous mépriser. Il fallut se résoudre à fuir , et, en vous gagnant de vîtesse , faire par tendresse ce que tant d'autres font par air ou par dégoût.

madame D U F E U I L.

Vos captieux sophismes ne me convaincront jamais......

D E R V I L L E.

Seriez-vous encore incrédule, si je joignais aux motifs que je viens de déduire, les preuves certaines de leur solidité ?

madame DUFEUIL, *étonnée.*

Certaines !

DERVILLE.

Oui, *certaines*, autant qu'avec votre sexe il est possible d'être certain de quelque chose.

madame DUFEUIL, *un peu humiliée.*

Quand les hommes nous ont entraînées dans le précipice, ils devraient du moins mettre plus de délicatesse dans leurs allusions.....

DERVILLE.

Pardon, madame, pardon.... —
(Elle ne manque pas d'esprit, disait-il en lui-même.)

madame D U F E U I L.

Mais voyons donc ces *preuves certaines*......

D E R V I L L E, *sérieux*.

Puisqu'on m'y force, je dirai la vérité telle qu'elle est, telle que je l'ai
vue....... J'ai quelqu'habitude du
monde ; plusieurs circonstances ont
concouru à la fortifier, et je gage-
rais...... je suis même assuré:.....
— Mais vous allez vous fâcher......

madame D U F E U I L.

Parlez. — Il me semble que ce
n'est pas moi que vous devriez accu-
ser de manquer de bonté.

D E R V I L L E.

Eh bien ! je vais parler. — (*avec*

nonchalance.) A propos , y a – t - il long-temps que vous connaissez mon-sieur de Sellin ?....

madame DUFEUIL.

Mais , oui...... assez......

DERVILLE.

Ah ! madame ne se rappelle pas bien précisément l'époque.....

madame DUFEUIL, *piquée.*

Vos questions sont bien pressantes, pour ne pas dire quelque chose de plus.

DERVILLE.

Soit. — Mais nous parlons raison. Vous y mettez presque de l'aigreur. Des injures ne sont bonnes qu'en fait

I.   F

de querelles, et il ne s'agit ici que d'une discussion amicale. — Au reste, puisque vous m'interdisez si durement des questions que je ne faisais que pour la forme, vous ne trouverez pas mauvais que mes doutes sur la place que monsieur de Sellin tient dans votre cœur, soient devenus des certitudes. — Le petit chevalier, avec quelques défauts qui tiennent à son âge, est loin d'être dépourvu d'agrémens. Il est d'une charmante figure, n'est pas dénué d'esprit; en un mot.....

madame DUFEUIL, *avec impatience.*

Il ne me manquerait plus que de vous entendre faire complaisamment son éloge.

DERVILLE.

Et pourquoi non? Je lui ai d'ailleurs une grande obligation......

madame D U F E U I L.

Vous !

DERVILLE.

Oui, madame, moi-même. Mon
sérieux vous étonne ? Il n'en est pas
moins vrai que je dois à ce jeune
homme, dont la liaison avec vous
n'est point un problême à mes yeux,
je lui dois, dis-je, de m'être garanti
du retour d'un mal très à craindre
quand on l'éprouve seul. J'ai dans le
caractère une fierté qui ne me fait
envisager qu'avec indignation l'idée
de partager des faveurs que j'appré-
cie assez pour les mériter seul. (Il fit
ci une petite pause.) Jamais on ne
me verra attaché au char d'une
femme dont je ne serai pas l'unique
adorateur. — L'amour est comme la
loi : la seule différence essentielle,

2

c'est qu'il faut y mettre plus que de la contemplation. Il se nourrit de sacrifices ; et je crois aussi prudent d'exiger ceux nécessaires, qu'il est flatteur de les obtenir, et doux de les reconnaître.

La signification était précise. Madame Dufeuil gardait le silence, et s'étonnait de la hardiesse avec laquelle on abusait de sa faiblesse pour la contraindre, sans se compromettre, à en venir d'elle-même où elle aurait voulu être amenée, en apparence, de force.

Je ne conçois pas, dit-elle enfin, ce qui peut avoir motivé d'indignes soupçons, que je rougirais de rappeler. — Monsieur de Sellin m'a fait sa cour comme à toutes les femmes de ma société. — Je ne me serais pas doutée que la malignité pût trouver à mordre sur des assiduités qui n'a-

vaient, je pense, aucun but........
Mais vous m'ouvrez les yeux......Il
ne sera plus reçu avec la même familiarité. J'ai ma réputation à cœur.....
et je n'hésite pas à prendre une réso-
lution sévère..... que je serais bien
fâchée de voir interprêtée en faveur
de qui que ce fût.

Rien n'est plus juste, répondit Derville, et personne sans doute ne s'avi-
sera d'une réflexion aussi imperti-
nente. — Si cependant il était permis
de vous témoigner...... Il lui donna
un baiser; elle le rendit peut-être,
et. . . . .
. . . .

Je parie que le lecteur pense à malice. *Et ?* ...... Hé bien, monsieur
ou madame, vous vous trompez. —
Et ?.... et monsieur Dufeuil parut
au détour d'une allée. Il causait toujours avec le Ministre. Heureusement

5

tous deux étaient fort occupés. — Leur apparition subite termina l'entretien ; il aurait pu être poussé très-loin sans cet accident, qui sauva l'honneur de Dufeuil, la vertu de sa femme....... Hélas ! ces choses-là tiennent souvent à si peu de chose ! — Mais était-ce pour bien long-temps ?

CHAPITRE XII.

La Bouillotte.

On rentra dans le salon. Le Ministre et Dufeuil commençaient déjà à trouver la promenade un peu longue. Leur conversation, à-peu-près finie, n'avait plus qu'un faible intérêt, lorsqu'ils avaient rencontré et failli surprendre la maîtresse de la maison.....

Celle-ci fit préparer des tables, et proposa une bouillotte.

Mademoiselle en sera-t-elle, demanda le Ministre en montrant Emma?

Dufeuil répondit affirmativement pour elle, et l'on prit place.

Derville, qui n'avait aucune four-

4

niture à demander, ne ménagea nullement l'Excellence. — Il avait démêlé ses intentions sur Emma, et il se promit une soirée délicieuse.....

On sait que la bouillotte n'entraîne pas une attention tellement marquée, que l'on ne puisse, sans y tenir une conversation suivie, du moins ne pas trop la laisser languir. Quelque petite-maîtresse surannée, possédée de la fureur des cartes et de la manie de parler, inventa sans doute ce charmant jeu, pour satisfaire à la fois deux penchans assez opposés.

Le galant Ministre ne laissait échapper aucune occasion de faire de l'esprit. Tantôt c'était un mot équivoque, tantôt une pointe inintelligible. Bien ou mal, il saisissait toutes les allusions; et son air grossièrement fin, trahissait son secret contentement à chaque mauvais calembourg qui échappait à son ingrate imaginative.

Derville, indépendant, riche de plus de quatre-vingt mille livres de rente, spirituel comme peu d'hommes le sont à présent; mais sur-tout très-caustique, persifflait l'homme en place d'une manière trop cruelle, s'il l'avait comprise. Madame de Forban jouissait tout haut de l'avantage du malin railleur. Madame Dufeuil riait sous cape : son mari était sur les épines.

Emma ne jouait point; et l'homme noir, qui la voyait avec plaisir se lier avec une femme qu'il estimait, lui en témoigna sa satisfaction. Il fit un éloge mérité de monsieur de Telnange et de sa fille, et conseilla à Emma de fréquenter souvent de telles sociétés, où elle trouverait l'assemblage précieux et devenu si rare, des vertus, de la candeur et du bon ton.

5

Le Ministre, qui avait ses projets, se fit décaver, et interrompit un entretien qui devenait intéressant pour Emma. L'homme noir prit sa place par honnêteté ; et la jeune personne, qui prévoyait peut-être les nouveàux hommages dont elle était menacée, s'approcha de madame de Lymours, que Sellin ennuyait de ses fadeurs.

La bouillotte était piquante. Derville jouait d'un bonheur insolent. Il décava madame Dufeuil, qui en fut contrariée au dernier point...... La fortune paraissait s'être attachée à son jeu ; et quelqu'imprudence, quelque légéreté qu'il y mît, la chance lui était toujours favorable.

Personne ne peut tenir contre lui, dit madame Dufeuil en se levant..... Il nous a tous battus.....!

Ce n'est pas le plus à craindre, dit l'Excellence, qui jeta un coup-d'œil à la dérobée sur Emma, tout en paraissant adresser la parole à la maîtresse de la maison. — Son succès n'est que momentané, et ses coups ne blessent pas......

Madame Dufeuil, qui venait de perdre quinze louis, goûta peu cette réponse. Elle y voyait peut-être une allusion, et soutint qu'au contraire elle était fort blessée du peu de ménagement avec lequel elle avait été traitée, et qu'il fallait qu'elle trouvât un vengeur.

Sellin, soit qu'il sentît le trait, soit que sa jalousie lui exagérât les objets, eut un mouvement d'humeur. — Madame, répondit-il sèchement, a en elle tant de moyens de défense, lorsqu'elle veut s'en servir, qu'on serait tenté de prendre pour une mauvaise plaisanterie l'aveu d'une défaite aussi prompte. Elle nous ferait presque penser qu'elle n'a guère disputé la victoire. — Quelque redoutable que soit son adversaire, elle était bien digne et sur-tout très - capable de lui résister......

Le Ministre avait déjà ses raisons pour ne pas aimer Derville ; et quoiqu'il n'eût pas compris tout ce qu'il lui avait adressé d'ironique dans la soirée, il ne l'entendait louer qu'avec peine.

Vous cherchez un vengeur, dit-il ; c'est moi, madame, qui le serai. — Je veux faire tourner la chance.

Oh ! si je l'osais, je vous en défierais. Monsieur Derville est réellement un homme à craindre ; et ses moyens en plus d'un genre......

Elle se rappela la fourniture, et se tut.

Le Ministre rentra à la bouillotte.

La partie devenait intéressante. On se serra autour des combattans.

Madame de Lymours, assise derrière Derville, paraissait prendre le plus grand intérêt à son jeu, et ne s'appercevait pas des regards envieux que lui lançait la maîtresse de la maison.

Sellin voulut parler à cette dernière, qui, pour toute réponse, lui tourna le dos.

Doué d'une trop forte dose d'amour-propre pour croire à la durée d'une telle froideur, il l'attribua à toute autre cause; et pour piquer sa jalousie, se mit à folâtrer autour de madame de Forban, qui, après l'avoir si long-temps détesté, finit par le trouver fort aimable, quoiqu'elle ne le regardât, disait-elle, que comme un enfant *sans conséquence*.

Le Ministre perdait, perdait.....

se recavait pour perdre encore. — Il
s'entêtait ; et rien ne lui réussissait.
Les billets furent bientôt mis en jeu.
Derville, en moins d'une demi-heure,
lui gagna mille louis. — Mille louis !.....
Et cet homme n'avait d'autre fortune
que le revenu de sa place...... O
peuple ! à quelles mains infidelles était
confié le produit de ton travail ! Comment et à quoi employait - on le fruit
de tes sueurs ! .... Mais supprimons
d'amères réflexions. Ne rappelons pas
un mal qu'il faut tâcher d'oublier.
— Ces temps de désordre, ils ne sont
plus. Est - ce quand les rayons d'une
brillante aurore viennent réjouir l'ho-
rizon, et succéder à une nuit orageuse,
est - ce alors que le passager effrayé
s'appesantit sur un péril passé ? — Il
ne voit que sa délivrance ; et le calme
s'embellit encore par le contraste de
la tempête qui l'a précédé. — Il est

fini, le règne de ces tyrans subal-
ternes. Puisse la conduite de leurs
successeurs, effacer la tache empreinte sur un nom jadis l'emblême
d'un pouvoir respectable, et depuis,
tant de fois l'enseigne de l'ineptie ou
du crime !

La partie cessa enfin. Le Ministre
ne fit aucune attention à sa perte,
qu'il appelait une bagatelle.

Emma, qui n'avait pas oublié que
Valbrun logeait chez Derville, aurait
bien voulu pouvoir ramener, sans se
compromettre, la conversation sur
cet article. Mais, impossible. Madame
Dufeuil ne quittait pas Derville, et,
d'un autre côté, le Ministre ne quittait pas Emma. Elle passa ainsi, dans
une contrainte embarrassante, une
heure, qui lui parut bien longue. Les
flatteries de l'homme en place, ses

attentions marquées, commençaient à lui ouvrir les yeux; et la crainte s'empara d'elle au point, qu'elle n'avait la force de répondre à aucune question.

Il lui fut impossible, malgré sa bonne volonté, de tirer un son passable de sa harpe, où les instances de l'Excellence l'avaient placée.....: Dufeuil remarqua son embarras : il en devina la cause, et rougit en lui-même.

Il était fort tard; le Ministre fut demandé, et se retira. Chacun suivit son exemple. Sellin reconduisit madame de Forban. Il est assez probable qu'il se dédommagea avec elle des rigueurs récentes de madame Dufeuil. Il est vrai qu'il ne gagnait pas au change, mais la nécessité....! Et puis, par prévoyance,

il se ménageait une retraite , quoiqu'il ne crût pas si prochaine l'occasion d'en profiter.

CHAPITRE XIII.

L'Opéra.

LA journée du lendemain fut assez triste, jusqu'à l'issue du dîner. Emma n'avait pas dormi : Valbrun, ami de Derville ! — Elle allait donc avoir des occasions d'entendre parler de lui, de débrouiller peut - être ce mystère d'iniquités, qui la tourmentait. — Mais la réputation qu'elle avait entendu donner à Derville ne la rassurait pas sur le danger d'une liaison dont l'ascendant pouvait pervertir les opinions d'un homme qui lui était cher, et que son cœur répugnait à croire coupable.

Cependant madame Dufeuil avait

paru changer subitement d'opinion sur le compte de Derville. Loin de continuer à en dire des horreurs, elle n'ouvrait la bouche que pour lui prodiguer des éloges. — Emma ne manquait pas de pénétration ; mais elle avait encore plus de bonté d'ame. Elle aurait pu s'appercevoir de la cause d'une conduite aussi disparate ; mais elle préféra fermer les yeux sur des choses qu'elle ne pouvait approfondir sans s'affliger. Car elle était attachée à madame Dufeuil, qui, au milieu de ses travers, laissait percer des lueurs précieuses de sensibilité. — C'était d'ailleurs à ses sollicitudes qu'elle devait son bien-être actuel, et l'espérance de rentrer dans une partie des biens de sa famille. Dufeuil, autrefois intendant de son père, se conduisait fort bien avec elle : ses procédés étaient aussi délicats que peuvent l'être ceux d'un

homme *à argent ;* et la bonne Emma,
qui mesurait le mérite des actions sur
le caractère de leur auteur, lui savait
beaucoup de gré de ce qu'elle n'était
pas plus maltraitée chez lui.

Elle donna quelques pensées tendres
à l'aimable veuve, dont la noble franchise lui avait mérité sa confiance. —
La manière indigne dont Florval l'a-
vait affichée, lui causait, pour les
hommes, une antipathie qui tenait
de l'horreur.

Ses réflexions devenaient tristes,
lorsque madame Dufeuil, qui bâillait de toute son ame, à l'autre bout
du salon, en lisant *un roman nouveau,*
traduit de l'anglais, se leva tout-à-
coup, et ordonna d'atteler.

Vous sortez, madame?

Oui, ma chère Emma. On donne
ce soir Pâris et Iphigénie ; j'ai envie

de voir Vestris. Ne m'accompagne-
rez-vous pas ?

La musique sublime de Gluck,
quoiqu'assez mal chantée à la ci-de-
vant Académie royale de musique,
avait pour Emma un charme toujours
nouveau. Elle accepta avec un double
plaisir une invitation faite aussi gra-
cieusement.

Sellin arriva fort à propos pour donner la main aux deux dames. Emma
remarqua une sorte de gêne dans
l'accueil que madame Dufeuil lui fit,
et conclut, malgré elle, qu'il fallait
que Derville fût bien aimable, ou
bien monstre, pour avoir supplanté
si vîte le petit chevalier, auquel on
tenait si fort quarante - huit heures
auparavant.

On part ; on entre à l'Opéra au milieu de l'ouverture. Comme on le pense
bien, madame Dufeuil ne manque pas

d'annoncer, par un grand bruit, son arrivée : les portes ouvertes avec violence, les banquettes levées avec fracas... &c.

Par un hasard assez singulier, Derville, qui avait envie de dire deux mots à mademoiselle C......., fameuse danseuse, était ce soir à l'Opéra. — Tant de tapage attira son attention. Il était à l'un des balcons ; et ayant reconnu madame Dufeuil, qui le regardait fort attentivement, il la salua avec grace ; mais fidèle au plan qu'il s'était tracé, ce ne fut qu'entre les deux pièces qu'il vint la joindre.

Madame Dufeuil ne pouvait dissimuler son dépit, et les efforts de Sellin, pour dissiper cette mauvaise humeur, ne faisaient que l'augmenter encore. Dans son accès, elle ne ménageait rien, et faute de ne pouvoir gronder un spectateur trop perfide, ce fut au spectacle qu'elle s'en prit.

Mademoiselle Maillard, qui avait précisément ce jour-là deux fois plus de poumons qu'à l'ordinaire, lui donnait des attaques de nerfs, disait-elle. Elle ne craignait pas d'appeler sa voix *des cris*, et de traiter la véhémence de son geste de contorsions par fois un peu poissardes.

Elle épargnait un peu plus Adrien, et le trouvait, grace à sa voix de taureau, à ses attitudes d'énergumène, assez naturellement placé dans le rôle forcené d'Oreste. Elle ne tarissait pas. Emma crut reconnaître une teinte du genre de Derville dans celui que paraissait adopter madame Dufeuil; mais elle se refusa à en rien conclure.

Enfin, celui-ci parut. — En entrant dans la loge, après les civilités d'usage, son premier regard se porta sur Sellin, et de-là, s'arrêtant d'un air ironiquement sévère sur les yeux de madame Dufeuil, lui peignit avec éloquence combien il était sensible au souvenir qu'elle avait gardé de ses promesses de la veille.

La dame, embarrassée, sentit son étourderie, et s'imagina la réparer en brusquant le chevalier. Mais quelle fut sa surprise, et, disons mieux, sa colère, quand elle entendit Derville combler de prévenances et d'honnêtetés ce même homme, que la veille il avait semblé lui signaler comme l'objet de sa jalousie ! — Elle n'y tint pas, et cassa son éventail de fureur.

Derville, qui la remarquait sous cape, saisit ce moment pour porter le dernier coup.

Oui, je vous le répète, monsieur,

dit-il en élevant un peu la voix, depuis long-temps je desire beaucoup faire votre connaissance plus particulièrement.

LE CHEVALIER.

Ce desir est réciproque, et ne m'en flatte que davantage......

DERVILLE.

Trève de complimens : auprès de madame Dufeuil, toutes les choses agréables qu'on ne lui adresse pas, sont autant d'injustes larcins faits à son mérite.

madame DUFEUIL, *à Emma.*

On ne commencera pas le ballet aujourd'hui! Ils sont d'une longueur dans leurs entr'actes......Ah! que l'Opéra est une ennuyeuse chose !

DERVILLE, *gaîment.*

Sur-tout quand on est entouré de babillards, n'est-ce pas ?

madame DUFEUIL, *sèchement.*

Je pourrais le penser, qu'il y aurait encore de l'impolitesse à le dire ; mais puisque monsieur sait faire de si heureuses applications......

DERVILLE, *à Sellin.*

Mais, pour en revenir à ce que je vous disais tout à l'heure, chevalier, je vous prends au mot sur la bonne volonté que vous me témoignez ; et j'espère que vous commencerez à me la prouver, en acceptant chez moi un dîner de jeunes gens, après-demain.

Sellin accepta. Madame Dufeuil
.ait furieuse. On ne lui adressait pas
n mot de douceur. La conversation
it à-peu-près générale, jusqu'au mo-
lent où un essaim de jeunes étourdis
ntrant dans la loge, offrit à Derville
occasion de se rapprocher de l'inté-
essante Emma.

On venait de lever la toile. Vestris
nchantait tous les yeux. Cet homme,
isait Derville, a bien de l'esprit dans
es jambes. C'est dommage qu'il n'en
it que là......

. Comment ! avec tant de graces !

Cela vous étonne ? Hé ! ne voyez-
vous pas tous les jours qu'on peut être
charmant, bien tourné, en un mot
rès-*gentil*, et n'être en somme qu'un
imbécille ?

Et il désignait en même temps de
l'œil un grand jeune homme, qui

portait une tête d'Adonis sur un corps d'Hercule , et dont le regard stupide et le silence hébêté semblaient dire à toutes les femmes : *N'est-il pas vrai que je suis bien beau ?*

Emma n'aimait pas beaucoup ce genre satyrique. Cependant les plaisanteries du caustique acquéraient, en passant par sa bouche, un sel qui les faisait excuser.

Enfin, s'appercevant, au troisième acte , que les fadaises des jeunes gens qui courtisaient madame Dufeuil, ne réussissaient pas à diminuer son humeur , et craignant que la pauvre Emma n'en souffrît au retour , Derville, pour la première fois peut-être ; sacrifia à l'affection que lui inspirait une jeune personne si intéressante , le malin plaisir qu'il prenait à tourmenter la femme du fournisseur. Il lui parla justement au moment où

Emma se préparait à amener la conversation sur Valbrun.

Tout le sombre de madame Dufeuil ne tint point contre les attentions et l'amabilité du traître. Elle lui confirma le congé de Sellin, et l'engagea à souper, ce qu'il ne put accepter, parce qu'il devait passer chez mademoiselle C......le reste de la soirée. Afin qu'on n'en ignorât pas, il eut grand soin d'en faire la confidence au chevalier, et se retira, emportant avec lui les regrets des deux dames, par des motifs bien différens.

Elles ne tardèrent pas à le suivre. En passant dans le corridor, elles apperçurent une jeune et jolie femme, de la tournure la plus élégante, qui sortait d'une loge grillée avec un homme dont la prestance ne leur était pas inconnue. Mais il ne leur

donna pas le temps de l'examiner; et
enfilant avec rapidité un escalier dérobé, il disparut en un clin-d'œil,
mais pourtant pas encore assez vîte
pour échapper à la pénétration de la
fine madame Dufeuil, qui crut avoir
reconnu en lui monsieur Durfort.
Quant à la jeune dame à qui il donnait la main, elle ne l'avait jamais
vue, mais se douta qui ce pouvait
être. — Cette découverte promettait
un aliment à sa malignité, et sa gaîté
s'en ressentit. — Sellin cependant
ne tarda pas à altérer cette belle
humeur. Ainsi que Derville l'avait
prévu, il s'empressa de l'instruire,
en la reconduisant, des projets de
son rival pour la soirée. — Mais,
ô bizarrerie inexplicable et pourtant
si ordinaire ! Qui l'aurait cru ? Ses
révélations manquèrent leur but,
et ne firent qu'augmenter le goût

de madame Dufeuil pour un in-
grat......

Pauvres femmes ! que vous êtes
à plaindre !

CHAPITRE XV.

Le bois de Boulogne.

QUOIQUE l'on approchât de la fin de l'automne, le beau temps continuait; les environs de Paris étaient charmans; les chevaux et les voitures embellissaient toutes les routes. C'était sur-tout vers *Bagatelle* que se dirigeaient les brillans équipages, toute l'élégante jeunesse, montée sur de fringans anglais. Ce délicieux jardin était le rendez-vous de la plus grande société; et les échos du bois retentissaient au loin du frémissement des roues et du bruit sourd des pas des fougueux coursiers. — Dans les grandes allées, le luxe, traînant à sa suite l'ennui, déguisé sous les livrées du plaisir, étalait avec orgueil tout l'éclat de la richesse. Dans les bosquets plus reculés, l'Amour, tel qu'on l'encense à Paris, rassemblait sous les étendards du desir quelques couples impatiens de se prendre, apparemment pour se quitter plutôt; il faisait naître sous ses pas des roses sans épines, souvent pour prodiguer ensuite des épines sans roses.

Depuis le paisible citoyen du Marais, jusqu'à l'habitant superbe de la Chaussée d'Antin, tous couraient à ce bois enchanteur; et, uniquement occupés d'eux seuls, ne s'inquiétaient guère des autres.

Madame Dufeuil, après s'être vainement ennuyée pendant tout le jour à attendre Derville, qui lui avait promis de la voir, fut tentée de

5

suivre la foule, et monta en voiture avec Emma.

Elles n'avaient encore parlé que par monosyllabes, lorsque madame Dufeuil, mettant la tête à la portière, dit à Emma de regarder.

Ils ont vraiment bonne tournure à cheval.... Voyez-vous Derville?.... Mais..... je ne me trompe pas..... Ce jeune homme..... ce monsieur du pavillon d'Hanovre..... est avec lui. Il est bien, très-bien. — Réellement, mademoiselle, votre amour-propre doit être flatté d'une telle conquête.....

Emma rougit jusqu'aux oreilles, et ne répondit pas. — Son cœur avait reconnu Valbrun, et battait d'une force extraordinaire. Elle ne doutait pas, qu'avant la fin du jour, il ne fût présenté à madame Dufeuil. — Il allait donc être à même de se justifier!.... Elle allait le voir sans contrainte, et jouir enfin du bonheur de l'avoir retrouvé !

Elle était un peu provinciale, mademoiselle Emma. Elle possédait tous les talens, chantait à merveille, jouait du piano, pinçait fort bien de la harpe, dansait comme un ange, et cependant avec décence, parlait l'anglais, l'italien et l'allemand, et, ce qui est peut-être plus rare, écrivait bien en français, dessinait joliment, avait une tournure délicieuse ; mais elle n'était ni fausse, ni acariâtre, ni coquette ; elle n'avait ni vapeurs, ni caprices, ni petits chiens. — On ne peut pas réunir toutes les perfections à-la-fois.

Les deux cavaliers s'approchèrent de la portière. Derville, après avoir fait les complimens d'usage, et présenté *monsieur Félix*, s'excusa de

6

n'avoir pu rendre plutôt ses devoirs à madame Dufeuil, ajoutant qu'il avait été retenu par les affaires indispensables de son ami, dont il se proposait de parler à monsieur Dufeuil.

La conversation ne pouvait être qu'entrecoupée; les yeux de Valbrun parlaient pour lui. Au milieu des choses honnêtes et galantes, qu'il adressait à la femme du fournisseur, il trouva moyen de placer peu de mots, qu'Emma seule comprit, et qui, s'ils lui causèrent quelque joie, lui firent craindre davantage pour les jours de son amant. — Il lui avait donné à entendre, que s'étant tenu jusqu'alors très-caché, le desir de la voir plus souvent l'avait emporté sur le soin de sa sûreté, depuis qu'il l'avait retrouvée. Elle était sensible à cette preuve d'amour, et déjà ses soupçons diminuaient.

On était au milieu du bois, lorsque parut une cavalcade, dans laquelle figurait madame de Forban. — Je laisse à penser si elle échappa aux yeux de madame Dufeuil, et aux traits malins de Derville. — Il en décocha plus d'un à la troupe joyeuse. Ni lui, ni Valbrun n'avaient à craindre un parallèle tout à leur avantage. Tous deux élevés dans le très-grand monde, tous deux également adroits à tous les exercices, leur éducation en tous genres avait acquis le dernier degré de perfection; et si le prétendu peintre n'avait ni la légéreté, ni le ton trop persiffleur peut-être, mais toujours bien accueilli, de Derville, il possédait autant de fond, et avait sur lui l'avantage de professer des principes un peu plus sévères. Ses voyages d'ailleurs l'avaient beaucoup formé : il avait éprouvé dans leur cours nombre de ces avantures qui ne peuvent manquer à un Français, lorsqu'il joint à une figure intéressante, une tournure distinguée, et l'acquit du bon ton.

Indulgent pour les autres, il prit la défense de madame de Forban, sans être mû par une autre intention qu'un simple motif de pitié.... Emma frémissait à chaque mot, et le poison de la jalousie circulait dans ses veines.

Quoique madame Dufeuil ne connût pas toutes les règles de l'équitation, elle plaisanta beaucoup les jeunes gens de la suite de la comtesse, sur leur manière de monter à cheval. — Ils veulent imiter les Anglais, et n'ont vu que leurs ridicules. Ils croient être fidèle copie, et ne sont que caricature exagérée.

Derville appuya ; et malgré les observations de Valbrun, il donna un libre cours à son humeur joyeuse. —

Que je plains ces pauvres animaux ! ajouta-t-il ; les secousses de leurs maî- tres doivent singulièrement les fati- guer. Que de reproches on entendrait, si , pour un instant, doués du don de la parole, à l'instar de l'âne de la bible , on les voyait adresser à leurs cava- liers d'humbles représentations ! —

Mais voyez donc comme ils sont plai- sans : ces messieurs veulent trotter à l'anglaise : ils tombent à contre- temps , et je crois , en honneur, qu'ils se punissent eux-mêmes de leur mal- adresse.

— Pas un de ceux que vous voyez n'a cependant manqué de prendre des leçons des meilleurs écuyers ; mais au bout de trois mois de mané- ge , ils s'imaginent être autant de pe- tits *La Guérinière.* — Ils quittent.... et souvent sans payer.....

Un bruit confus vint interrompre

ces réflexions. La société de madame Dufeuil pressa le pas, et l'on apperçut à quelque distance le cheval de la comtesse, qui faisait des façons pour traverser une marre.

Son cheval a peur, s'écria madame Dufeuil. — En vérité, je crains la chute.

Elle ne se fera pas de mal, reprit Derville : elle est au fait.

Mais de quoi donc a-t-il peur, cet animal? Oh! comme il se cabre!

Je ne vois rien là qui puisse ainsi l'effrayer...... à moins que ce ne soit la figure de sa cavalière qu'il aura apperçue dans l'eau.....

Le sérieux des dames ne tint pas contre cette mauvaise plaisanterie : elles éclatèrent.

Mais l'homme le plus morose eût

étouffé de rire, s'il avait pu prévoir la scène qui allait suivre.

Qu'on se représente le cheval de la comtesse, faisant une volte subite, prenant le mors aux dents, et l'emportant à travers le bois; ses compagnons les plus hardis, galoppant sur ses traces, et prêts à chaque caracole de leur monture, à aller mesurer la terre. Ceux, plus timides, restés dans le chemin, tout occupés à contenir leurs coursiers trop vigoureux, et cherchant en vain à regagner un équilibre qu'ils n'ont jamais eu; sur le bord de ce tableau, digne du pinceau de Carle Vernet, une jolie femme en voiture, se pâmant de rire, et à ses côtés deux jeunes gens charmans, bien montés, et faisant contraste parfait, par leur adresse et leurs graces, avec les caricatures équestres dont ils sont entourés....

Qu'on se figure tout cela, et l'on aura une idée de la scène qui se passait au bois de Boulogne. — L'inquiétude se partageait entre madame de Forban et les hommes qui la poursuivaient. Bientôt le sort la ramassa toute entière sur la comtesse, qui jetait des cris affreux. Une branche traversait le sentier étroit que son cheval avait enfilé. Elle y resta accrochée par son amazone....

Ici le silence de la peur succéda aux éclats de la raillerie, et l'on trembla pour ses jours. Valbrun courut aussi-tôt à elle, la détacha, et la fit porter évanouie dans la voiture de madame Dufeuil, à qui Derville assura tout bas qu'il fallait, d'après une telle preuve d'adresse, que son ami sût merveilleusement courir la bague, et qu'il ne doutait pas que, malgré lui, peut-être, on ne voulût lui en décerner le prix.

Madame de Forban ne tarda pas à reprendre ses sens. Elle n'avait eu d'autre mal que celui de la peur ; et après s'être un peu remise de son trouble, et charmée d'en être quitte à si bon marché, elle remonta, malgré les instances des dames, sur son cheval, qui, content de sa dernière espiéglerie, la mena sans nouvel accident à Bagatelle.

La voiture y entra presqu'en même temps, et la comtesse se hâta, sans doute avec intention, de rejoindre la société de son libérateur.

Qui que vous soyez, qui lisez ce petit livre, point de jugemens précipités, je vous prie. Endormez-vous tranquillement, jouissez sans crainte du pouvoir de sa vertu somnifère, ou, si l'activité vous est nécessaire, jetez-le au feu dans un accès d'humeur ou d'ennui, pourvu que le desir de le

finir vous porte à en envoyer chercher un second exemplaire chez mon
libraire, je me consolerai de la dis-
grace du premier. Mais laissez-nous,
à nous autres auteurs, le soin de dé-
mêler les motifs secrets qui font agir
nos personnages. Nous ignorons quel
était celui de madame de Forban, et
nous attendons Derville, qui ne s'y
sera pas mépris.

CHAPITRE XV.

Bagatelle.

Tout le monde connaît ce joli jardin, dont la mode a fait le but de toutes les promenades à cheval ou en voiture. — Il y avait ce jour-là une foule inconcevable. Je l'ai déjà dit : on profitait du reste des beaux jours......

Quel moment pour placer une description ! Le soleil à son couchant, la lune à son lever, un ciel d'azur, des étoiles d'or, des chênes antiques, des sapins tonjours verds, des peupliers qui balancent leurs cimes, un lac tranquille, une source pure, le bêlement des brebis, la clochette des

troupeaux, etc. etc. Il n'y manquerait plus qu'une belle infortunée,
poursuivie par des brigands, enlevée,
tuée, sauvée, ressuscitée, pour en
faire un admirable morceau d'éloquence. Mais que l'on ne s'impatiente
pas. Il y aura de tout cela dans ce livre; de tout, jusqu'à la morale.....
inclusivement. On ne s'en douterait
peut-être pas : mais la grande jouissance est de surprendre son monde.
Tel après avoir lu un ouvrage jusqu'au bout, est tout étonné d'ap-
prendre, par exemple, qu'il est utile,
quand il n'y a vu que des babioles;
qu'il est en vers, quand il n'y a vu
que des rimes; qu'il est bien écrit,
quand il n'y a vu qu'une déclamation
vague. A qui doit-il cependant ces
découvertes importantes? — A l'auteur, qui, soit à la tête, soit au milieu, soit à la fin de son livre, a toujours grand soin de vous insinuer qu'il

n'en est pas de meilleur dans son genre. — Depuis le grave publiciste jusqu'au faiseur de pantomimes pour les boulevards , depuis le profond métaphysicien jusqu'au joueur de gobelets , vous entendez par-tout crier : *Ecoutez-moi, lisez-moi* , mais sur-tout : *Achetez moi, louez-moi ; moi seul j'ai raison, tous les autres ne sont que des imbécilles.* — Et on achète et on lit ; mais dieu sait si on loue , et en cela , souvent on fait bien.

Voyez cependant où conduit la manie des digressions. Ce maudit amour-propre que nous blâmons tant chez les autres, ne nous chatouille-rait-il pas un peu aussi ? — Nous ne savons plus où nous en étions. — De quoi diable aussi s'aviser de sermon-ner quand il faut raconter! — Aban-donner les nobles fonctions de l'his-torien , pour descendre au vain remplissage d'un vil discoureur! Troquer le burin de Clio contre la griffe cro-chue du journaliste ! Ah ! ! ! !

Un peu plus haut, chapitre XIV, aux deux dernières lignes; s'il vous plaît. Nous y voilà. — Il fallait bien laisser à monsieur Derville le temps de concevoir et d'énoncer ses soup-çons. On se promène dans le jardin. Déjà depuis un quart-d'heure, pen-ché à l'oreille de madame Dufeuil, il la fait sourire par ses saillies, lors-que la comtesse, en s'emparant sans façon du bras du jeune peintre, fixe ses idées, et lui montre clairement que madame de Forban, qui met sans doute la reconnaissance au nombre des premières vertus, veut absolu-ment témoigner la sienne à Valbrun. Il remarque également le dépit inutile et mal déguisé de la naïve Emma, qui comptait sur une explication, et se voit forcée d'en reculer encore l'instant. Il démêle, d'un coup d'œil, les sentimens secrets qui l'agitent : il lui offre son second bras; et plein d'intérêt pour elle, emploie toutes les ressources d'un esprit vif et enjoué, à faire diversion aux idées tristes, qui ramènent sans cesse son attention sur madame de Forban. Il est aidé dans cette tentative par un sentiment intérieur et juste d'amour-propre, qui fait sentir à la jeune personne, l'avantage immense qu'elle a sur sa rivale. Emma ne connaît pas le haut degré de corruption des hommes. La fortune énorme de la comtesse ne peut lui porter ombrage. Elle essaye donc de faire taire des inquiétudes peu flatteuses pour Félix, et se mêle à la conversation de sa tutrice.

Graces au ciel, et ce n'est pas sans peine, voilà l'historien au courant. — Continuons.

I.   H

Que trouvez-vous donc de si extraordinairement beau à cette femme, demandait-elle dans ce moment à Derville, en lui montrant mad. ✳✳✳?
— Je ne sais, en vérité, comment elle a pu s'acquérir une réputation si étonnante. . . . .

Qui a duré peut-être plus long-temps qu'on n'aurait dû le croire; mais qui avait une cause dans les circonstances qui l'environnaient; dans la popularité d'un personnage alors important; dans sa dépense excessive; enfin, dans cet engouement des sots de ce pays, engouement par bonheur moins durable, moins tenace, qu'il n'est fréquent et ridicule.
— Elle peut dire, au reste, que ces heureux temps ne sont plus. Jadis, enivrée d'ambroisie, il fallait être au moins Ministre, pour attirer ses regards; maintenant, quoiqu'elle ait long-temps habité l'Olympe avec

les dieux du temps, je puis assurer qu'elle s'est beaucoup humanisée. Leur chute a entraîné sa digrace; et réduite à l'encens des simples mortels, après avoir dédaigné des fournisseurs, elle finira peut - être par devoir se contenter d'un rentier.

Quel est ce jeune homme qui lui donne la main, demanda Emma ?

Il porte un nom connu. Des gens sévères lui reprochent, avec quelque raison, des ridicules peu rares chez les jeunes gens. Quoique sa mise soit un peu affectée, il a l'esprit moins frivole que les dehors. — Il est naturellement aimable, et l'expérience le corrigera.

Dans cet instant, passa une femme de la dernière élégance. Elle tenait le bras d'un homme de la tournure la plus commune. Il existait un tel dis-

2

parate dans leur ensemble, que tous les yeux en étaient frappés.

Ici Derville trouvait matière à donner l'essor à sa causticité, et il n'eut garde de laisser échapper l'occasion.

C'est vraiment un miracle, que de voir ces deux époux se promener ainsi conjugalement. Le public doit s'attendre à quelque parure de prix, à quelque bijou bien cher, mis en évidence au premier jour.

Que voulez-vous dire, reprit madame Dufeuil, qui n'entendait rien à l'obscurité de cette phrase?

Comment! s'écria-t-il, vous ne connaissez pas cette actrice, encore plus célèbre par ses aventures, que par ses talens?

La maîtresse de Derville ignorait celle, pourtant assez connue, du diamant. Ce qu'elle venait d'entendre, avait piqué sa curiosité ; elle exigea de plus amples détails.

Puisque vous le voulez, dit-il, je vous ferai part de ceux que le hasard a fait parvenir à ma connaissance. Cette dame avait reçu d'un grand du jour un brillant magnifique. L'accepter n'était pas le plus difficile ; il s'agissait de le porter sans éveiller les soupçons qu'un pareil témoignage de reconnaissance eût immanquablement fait naître sur ses motifs. Que fit-elle ? — Son bijoutier était accommodant, son mari bon diable. Sous prétexte de faire remonter une garniture, elle engagea ce dernier à la conduire à l'élégante boutique du joaillier. Là, ses yeux sont frappés de l'éclat d'un superbe solitaire, que le cher époux aussi-tôt marchande. Mais le prix qu'on en demande, quoique bien inférieur à celui de la valeur

3

réelle, l'effraye. Sa femme n'insiste pas, mais tous les moyens les plus adroits sont indirectement saisis, pour déterminer la bonne volonté de l'acheteur. Pendant toute la journée, on ne voit que le solitaire, on ne parle que de sa grosseur, de sa belle eau... tout en convenant que cette dépense est réellement trop forte. Le soir, on a une migraine affreuse; et le lendemain matin, le galant mari, vaincu par tant de douceur, vient faire hommage à sa fidèle moitié, du bijou tant desiré, duquel, au moyen d'une légère rétribution, elle retira le produit des mains de l'honnête complice de sa fourberie.

A ce récit, Emma ne put contenir sa juste indignation. Elle rougissait pour son sexe de la conduite d'une femme qu'elle en appelait l'opprobre.

Madame Dufeuil ne disait pas tout

ce qu'elle pensait, et Derville ne cessa de mordre sur ce sujet, que pour faire remarquer le dialogue tout-à-fait animé de madame de Forban et de monsieur Félix. Emma se serait bien passée de ces plaisanteries ; ses résolutions s'ébranlèrent, et elle retomba dans le cercle de ses idées défavorables sur Valbrun.

La petite société s'arrêta sur les bords de la mare que l'on veut bien appeler un bassin. La foule y était rassemblée. On s'occupait à regarder quelques élégantes qui se faisoient mouiller dans les bateaux, par des jeunes gens qui, en ne les ménageant pas, s'épargnaient parfois. — Ces messieurs craignaient plus que des femmes les éclaboussures, et l'on en vit plusieurs abandonner la partie, pour en avoir reçu qui tachaient leurs pantalons larges, ou délustraient leurs bottes, ou flétrissaieut leurs cocardes de rubans.

Ce jour-là était probablement pour madame de Forban un de ces jours malheureux qui nous sont comptés par la fatalité. Elle voulut prendre sa part dans ces jeux ; et malgré la résistance de Valbrun, elle le força à être son pilote. — Derville engagea madame Dufeuil à suivre son exemple; et avec Emma ils s'emparèrent de la seule chaloupe qui restât.

Il avait ses projets, Derville, ou du moins l'on attribua à sa malice ce qui pouvait n'être que l'effet du hasard. Ayant obligé Valbrun, par une manœuvre habile, à côtoyer les bords du lac, il fit si bien, ou le malheur de la comtesse fut si grand, que son canot chavira. — Il y avait trois pieds d'eau, et elle fut mouillée de la manière la plus complète.

Derville, cette fois, fut son libérateur; car pour Valbrun, trempé, honteux et décontenancé, il ne savait plus où il en était. Madame de Forban reçut les complimens de condoléance du premier avec un air qui dénotait assez qu'elle ne se méprenait pas sur les causes de son accident. Elle le remercia pourtant, et après quelques instans de repos, monta avec Emma dans la voiture de madame Dufeuil, qui reprit le chemin de Paris. — Les deux amis la suivirent à cheval. Comme le jour baissait fort, ils s'éloignèrent un peu pour admirer à leur aise les jolies amazones.

Une d'entr'elles, sur-tout, accompagnée d'un seul jockey, frappa les regards de Valbrun, qui crut la reconnaître pour une dame qu'il avait vue à Vienne. Elle paraissait avoir

5

tout au plus dix-huit ans ; sa fraîcheur, la finesse de ses traits eussent
suffi pour la faire desirer. La manière
dont elle avait regardé l'amant d'Emma avait presque confirmé ses idées ;
et trouvant une occasion, en réparant
l'ennui de la journée , d'éviter peut-
être un nouveau tête-à-tête avec madame de Forban , il pria Derville de
l'excuser auprès des dames s'il ne
pouvait les rejoindre avant leur arrivée à l'hôtel ; et mettant son cheval
au galop sur les traces de la belle inconnue , il disparut aux yeux de son
ami , avant que celui-ci eût eu le
temps de lui faire des observations.
— Il ne la rejoignit qu'à la barrière :
il allait lui parler, lorsqu'il s'apperçut qu'il s'était trompé. Ne voulant
point cependant perdre ses pas, il
tâcha de se faire remarquer, et y
réussit......

Emma fut cruellement déçue en ne

le voyant point lorsqu'elle descendit de voiture. Sa tendresse s'alarma d'abord ; elle craignait qu'il ne lui fût arrivé quelqu'accident ; mais la manière maligne dont Derville annonça à madame Dufeuil, qui s'étonnait de la disparition de *monsieur Félix*, que son cheval l'avait emporté, changea le but des inquiétudes de la jeune orpheline.

La soirée se passa assez tristement, et chacun se retira dans l'attente de la fête magnifique qui se préparait à la campagne d'un fournisseur, et à laquelle la plus brillante société se trouvait invitée.

La seule Emma, toute entière à un sentiment qui s'augmentait en raison des obstacles, et qu'irritait encore la froideur de son amant, la seule Emma, dis-je, indifférente à ces fastidieux plaisirs, ne se réjouissoit pas

6

d'être obligée de s'amuser quand la mort était dans son cœur.

Qu'était devenu Valbrun? Pourquoi la fuyait-il?

CHAPITRE XVI.

Un dîner de jeunes gens.

On se rappelle que Derville avait engagé Sellin à dîner ; celui-ci fut exact, et à cinq heures, son cabriolet entrait dans la cour de l'hôtel. — Valbrun était seul dans le salon. Le chevalier fut assez surpris d'y être reçu par cette *tournure à épigrammes*, de laquelle, peu de jours auparavant, il s'était tant et si injustement moqué. — Derville ne tarda pas à paraître, et l'étonnement du jeune étourdi fut au comble, en le voyant accabler d'amitiés et de prévenances un homme qu'on lui avait dit n'être qu'un simple et chétif artiste.

Plusieurs autres personnes survinrent, entr'autres un auteur fort aimable, connu par plusieurs jolis vaudevilles.

Derville était épicurien, et vivait comme tel. — Sa table, somptueusement servie, valait au moins celle d'un évêque de l'ancien régime, ou d'un fournisseur du nouveau.

Il prodigua les vins les plus exquis, et le pétillant *d'Aï* ne tarda pas à provoquer les bons mots. Valbrun gardait toujours l'incognito, et n'en était que plus aimable. Les saillies ne coûtaient rien aux convives, parmi lesquels on comptait des gens réellement spirituels.

Derville, d'après sa maxime favorite, d'user de tout sans abuser de rien, se ménagea. Sellin commençait à s'égayer, et le premier trouva plaisant de lui faire raconter les commencemens de sa liaison avec madame Dufeuil, et citer les détails de l'aventure. Celui-ci, qui, d'ordinaire, ne se faisait jamais tirer l'oreille pour commettre une indiscrétion, s'avisa pourtant de montrer des scrupules.

Quelle enfance ! s'écrièrent à la fois tous les convives.

Et Sellin, sourd aux instances, aux sarcasmes, de résister.

On imagina, pour le déterminer, d'exiger, de la part de chacun des assistans, un aveu du même genre sur sa maîtresse actuelle; et ce fut sur les verres pleins d'un brillant et mousseux nectar, que l'assemblée prononça le redoutable serment de dire la vérité toute entière.

Sellin ne pouvait plus reculer : il hésitait cependant encore ; et Derville, pour l'encourager, s'offrit à commencer. — On se mit à l'écouter; et le perfide, déployant alors toutes les ressources de son éloquence aisée, raconta avec beaucoup de graces sa récente aventure avec madame Dufeuil. Au moyen d'un changement de nom et de lieu, de quelques circonstances adroitement déguisées, aucun des convives, pas même le chevalier, ne se douta du nom de la véritable héroïne. Ce dernier sur-tout rit beaucoup de l'histoire du voyage racontée devant la dame, pour la forcer à reprendre ses chaînes. L'idée est neuve, s'écriait-il : elle est originale.....

DERVILLE.

Mais cependant elle n'est pas sans copie. Qu'en dites-vous, Félix?

SELLIN, *vivement.*

Quoi! monsieur aussi l'aurait mise en usage?

VALBRUN.

Pas moi précisément ; mais devant moi..... A propos, c'est votre tour, monsieur le chevalier.

SELLIN.

Je vois que je m'en défendrais vainement. C'est à un hasard assez singulier que je dois mon bonheur....

VALBRUN, *l'interrompant.*

Comptez - vous beaucoup sur sa durée?

Le sourire fin qui accompagnait cette question imprévue, intrigua le chevalier, qui, s'il aimait à railler, ne se souciait guère de l'être. — Il fit semblant de n'avoir pas entendu.

Une dame de ma connaissance, continua-t-il, avait perdu un anneau de prix. C'est un de ces esprits faibles, qui croient à la religion et à la magie, au nouveau-testament et au petit Albert. — Je n'étais pas très - mal avec elle. Le sort de sa bague l'inquiétait. Elle me pria d'aller consulter une célèbre devineresse, que nous connaissons tous, au moins de réputation. — A peine admis dans le sanctuaire des conjurations, qui était tout bonnement la chambre à coucher de madame la sorcière, on vint l'appeler pour une affaire de la plus haute importance. Après m'avoir fait quelques excuses, elle me demande un demi – quart – d'heure, et sort, à la hâte, par un escalier dérobé.

Resté seul, je m'avisai de regarder par le trou de la serrure ce qui se passait dans l'antichambre, où j'entendais beaucoup de bruit. C'était madame ***, qui s'impatientait fort d'attendre aussi long-temps. — Tout-à-coup une idée comique me passe par la tête : j'aime à rire ; je suis bientôt décidé. Dans un clin-d'œil, mon habit, mon gilet, ma cravatte sont ôtés, ma chemise ouverte. Une robe du matin se trouve sur le dos d'un fauteuil, je la revêts : je m'affuble, par-dessus mes cheveux blonds, d'un bonnet de dentelles qui me couvre les deux tiers du visage. En moins d'un instant, me voilà prêt. J'introduis dans l'appartement, en baissant les persiennes, un jour mystérieux et sombre, encore plus favorable à mon déguisement qu'aux évocations. J'épie le premier moment d'impatience de ma belle curieuse pour ouvrir à demi la porte, et, d'une voix de fausset, commander enfin qu'on la laissât entrer.

Le devineriez-vous, Messieurs, le sujet de cette visite ? — On avait plu au directeur B....., on aurait voulu fixer le volage. Non content de cette première confidence, j'en provoquai beaucoup d'autres, et, tout en ayant l'air de deviner, j'eus l'art de me

faire instruire de nombre de parti-
cularités piquantes. —Le moment de
prononcer l'arrêt était arrivé. Organe
des immuables volontés du destin,
assez embarrassé des dernières fonctions de mon ministère, je ne savais
trop de quelle manière je devais rendre mon oracle, quand je m'avise,
pour plus de facilité, de demander à
voir une main blanche qu'on me livre
sans défiance. Elle était jolie, cette
main. J'oubliai qu'une sorcière doit
être impassible. Je la serrai involon-
tairement. On voulut la retirer, je la
retins ; et la prétendue devineresse
faisait déjà naître d'étranges soupçons sur la nature de ses goûts,
quand, la porte de l'escalier s'ou-
vrant, la véritable sorcière parut, et
resta stupéfaite en voyant son *Sosie*.
La dame, de son côté, était immobile de surprise. — Je suis prompt.

« Madame, lui dis-je en me jetant à
» ses genoux, et ôtant mon bonnet,
» me pardonnerez-vous une espié-
» glerie que seul a pu me suggérer le
» desir de passer quelques instans
» près de vous? Depuis long-temps
» je vous adore. Un funeste hasard
» vient de mettre vos secrets dans
» mes mains. Avec un autre, il serait
» prudent de ne pas les compromet-
» tre par une colère déplacée. Loin
» de moi l'idée de faire acheter mon
» silence ; mais si je fus coupable, je
» suis aussi bien amoureux ; et si le
» sentiment le plus vif suffisait pour
» vous plaire, j'oserais aspirer à la
» préférence, dans un moment où
» (vous-même me l'avez dit) votre
» cœur est absolument libre ». — La
situation était pressante : on balan-
çait, on réfléchissait s'il valait mieux
conserver son honneur avec moi, que

de se déshonorer sans moi. La sorcière parla en ma faveur, les cartes furent de mon côté...... Vaincue enfin par tant de puissans motifs, on m'adopta pour chevalier, emploi que j'exerce depuis près de trois mois avec une constance qui m'étonne moi-même.

On rit beaucoup du récit du jeune homme, et chacun se prépara à suivre son exemple.

C'était à Valbrun à parler. — Il aurait pu raconter ce qui lui était arrivé la veille.....

Et que lui était-il arrivé la veille, s'il vous plaît ?

Un moment, Madame, de la patience, mais sur-tout de l'indulgence. C'est ici que l'historien a besoin d'humilité pour avouer une coupable étourderie qui lui a fait intervertir l'ordre des événemens, et d'adresse pour obtenir son pardon du lecteur sévère qui ne voit et ne veut voir dans cet ouvrage important qu'un journal scandaleux. Chaque chose viendra dans son temps, et le premier chapitre où nous ne saurons que dire, nous le remplirons des détails qu'un malheureux oubli nous a fait passer.

Valbrun, disions-nous, aurait pu raconter ce qui lui était arrivé la veille; mais je ne sais quelles raisons, d'amour-propre d'abord, de commisération ensuite, lui fermèrent la bouche sur cet article. — Il se souvint fort heureusement...... Mais écoutens-le parler.

Tandis, Messieurs, que favorisés

par l'amour, et gâtés par les graces,
vous n'êtes embarrassés que sur le
choix de vos conquêtes, ou de vos
victimes, comme vous voudrez les
appeler, moi, malheureux étranger,
je n'ai encore rencontré qu'une bonne
fortune ; et par une suite de la bizarrerie de mon étoile, je ne m'en suis
pas soucié. — Monsieur (en montrant
Derville) m'a procuré la connaissance
d'une dame, à laquelle mes faibles
talens pouvaient être utiles. — Sans
être de la première jeunesse, beaucoup de gens la trouvent belle encore. Elle voulut que je la peignisse
en *Junon*, dans le moment où la fière
déesse, jalouse de posséder la pomme
des Hespérides, s'abaisse jusqu'à sup-
plier un simple berger. — J'avais déjà
donné quelques séances à son portrait, et j'étais sur le point de le finir,
quand tout-à-coup elle se trouve
mal..... J'en conviens à ma honte,

jamais on ne mit plus que moi d'empressement à secourir mon modèle. Je lui frotte les tempes avec mon mouchoir trempé d'essence, je lui frappe dans les mains.... Efforts inutiles ; on ne vit évanouissement plus opiniâtre. Je ne sais quel geste la réveille ; elle me regarde en souriant : moi, je n'ai garde de prendre tant d'indulgence pour un encouragement..... On retombe encore..... une main s'était emparée de la mienne..... une affection spasmodique la roidit, et manque de m'attirer dans la chute..... Je tenais bon ; mais je n'eusse peut-être pas continué longtemps mon rôle de moderne Joseph, si le fraulement d'une robe de taffetas n'avait averti de l'arrivée de quelque bonne amie. Sortir de sa léthargie, cacher dans l'alcove le portrait, me faire descendre furtivement, tout cela fut l'affaire d'un instant.

— Je me *sauvai* avec une précipitation tellement grande, que j'oubliai mon mouchoir, et c'est de toute l'aventure ce qui m'a le plus affecté.

Valbrun ne poussa pas plus loin ses confidences publiques, malgré les instances des convives, et probablement on allait le plaisanter sur sa discrétion, quand l'auteur de vaudevilles, pressé de se faire écouter, s'empara de la conversation. — Il eût gardé long-temps la parole, si les têtes de tous ces messieurs, qui commençaient à s'échauffer, leur eussent permis de l'écouter paisiblement.

Ils étaient plus que gais. On parla d'une orgie..... Après avoir si bien dîné, il fallait, disaient-ils, encore souper ensemble. Allons à l'Opéra.

— A l'Opéra, soit. Quelques-uns ré-
tistaient ; mais on eut bientôt sur-
monté leurs scrupules. On fut à l'O-
péra, où chacun fit son choix. Un délicieux souper fut commandé chez un
des plus fameux restaurateurs du Pa-
lais-Royal.

De cet affreux jardin, palais de la licence,
Où respire le vice, et frémit l'innocence.

. . . .
. . . .
. . . .
. . . .
. . . . Tirons le rideau sur les
scènes de cette nuit, qui ne font pas
d'honneur à nos héros, et de laquelle
nous n'aurions pas parlé, sans la sévère exactitude que nous nous sommes prescrite. Arrachons par la pen-
sée les pages de l'histoire consacrées
à ces coupables saturnales, où tous

les convives, les uns par ivresse, Derville par air, et Valbrun par faiblesse, se signalèrent dans les fastes im-
purs de *Venus libidinosa.*

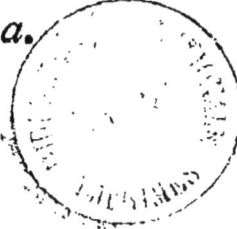

FIN DU TOME PREMIER.

www.ingramcontent.com/pod-product-compliance
Lightning Source LLC
Chambersburg PA
CBHW071959090426
42740CB00011B/2009